出し物たっぷりネタ帳

はじめに

子どもたちの大きな期待にこたえる集会に

　集会のある朝、その楽しさを知っている子どもたちから、「今日はお誕生会だから劇あるんでしょう？」「どんなことやるの？」と、よく聞かれます。このように、子どもたちの集会への期待は大きいものがあります。
　そんな子どもたちの期待にこたえるために、参考にしていただきたいのが本書。すぐにできるネタが満載です。

みんなが集う喜びを大きなふれあいパワーに

　集会の会場に子どもたちが入場し、人数がドンドン増えてくると同時に、期待もドンドン膨らむのが集会の特色です。
　そこで行なわれる、シアターやマジック、ちょこっと遊びなどが、異年齢の子どもたちを刺激し合い大きなふれあいパワーとなって、何倍もの楽しさや喜びになります。みんなで集うよさがここにあります。

保育者の魔法の言葉で保育室の活動に

　ここで紹介されたものは、保育室でも遊べるものばかり。集会で大きな刺激を受けた子どもたちは、職員劇をまねてやってみたくなったりします。そんなときに「みんな、実は先生、さっき見た劇のかぶを作ってみたんだけど見てくれる？」と、隠しておいた段ボールのかぶを取り出したらどうでしょう。そのような保育者の言葉は子どもをやる気にさせる魔法の言葉です。
　年齢に合った工夫を加えて保育室でもおおいに遊んでください。

阿部　恵

ひかりのくに

この本は…

この本は「先生」の、いろんな「出し物」をギュッと1冊にまとめたものです。
ペープサートの本、パネルシアターの本、マジックや手あそびの本…というように、
出し物を決めるのに、いろいろな本を開く必要はありません。
本書では、ふだんの保育でも使えて、盛り上がること間違いなしの
出し物ネタが、たっぷりです。

特長と使い方

Chapter ❶ すぐできシアター

ペープサート、パネルシアター、
ペンダントシアター、絵巻物シアター
など計10本のお話を紹介。

P.10
「うたって入園おめでとう」

Chapter ❷ 職員劇・合奏

職員劇のシナリオを2本、合奏を2本。
子どもたちといっしょに
楽しめる出し物です。

P.50
「おおきなかぶ」

Chapter ❸ かんたんびっくりマジック

子どもたちが大好きなマジックを16種類も紹介。
かんたんなしかけでも、びっくり驚きの
楽しいマジックです。

P.68
「不思議な筒」

Chapter ❹ ちょこっと遊び

手あそび、ゲーム、クイズなど幕間で使える
ちょこっとした楽しい遊びを紹介します。

P.102
「くれよん しゅしゅしゅ」

お誕生会・クリスマス会・発表会・その他…
いろいろな場面での 
すてきな「出し物」をプロデュース!!

CONTENTS

- **1** はじめに
- **2** 本書の使い方と特長

- **8** 集会成功のコツ❶ 〈司会者編〉
- **48** 集会成功のコツ❷ 〈進行編〉
- **62** 集会成功のコツ❸ 〈保育者の参加の仕方編〉
- **88** 集会成功のコツ❹ 〈職員全体のチームワーク編〉

Chapter ❶ すぐできシアター

集会の出し物、シアター。かんたん、すぐできるいろいろなシアターをたくさん紹介。

ペープサート

- **10** うたって入園おめでとう 〈入園式に〉
- **14** おたんじょうび おめでとう 〈お誕生会に〉
- **18** しゅうくんとかいちゃんのおつきはなあに? 〈お誕生会などに〉
- **22** 大きな 大きなクリスマスツリー 〈巻き込みペープサート〉 〈クリスマス会に〉

パネルシアター

- **26** どうぶつむらのひろば 〈いつでも〉
- **30** おたんじょうバス 〈お誕生会に〉
- **34** さいしょは グー ジャンケン 〈いつでも〉

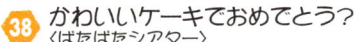

いろいろシアター

38 かわいいケーキでおめでとう?〈ぱたぱたシアター〉 お誕生会などに

40 ねずみの嫁入り〈ペンダントシアター〉 いつでも

44 わらとすみとまめ〈絵巻物シアター〉 いつでも

ねずみの
よめいり

絵巻物シアター
わらとすみとまめ

Chapter ❷ 職員劇・合奏

職員劇や子どもたちといっしょに遊べる合奏など集会の出し物にバラエティを。

職員劇

50 おおきなかぶ いつでも

54 こぶたぬきつねこの年長さんありがとう お別れ会に

合奏

58 ハッピーバースデイトゥユー お誕生会に

60 星のくにのクリスマス クリスマス会に

Chapter ❸ かんたんびっくりマジック

子どもたちが大好きなマジック。メインでも幕間でもオールマイティな出し物です。

- 64 つながるロープ
- 67 選んだ動物なあに?
- 68 不思議な筒
- 71 人体浮揚の術
- 74 消えるボトル
- 76 お皿に立つコップ
- 78 空中に浮くコップ
- 80 しゃかしゃか色水
- 82 わ・わ! 不思議な輪
- 84 カラフルツリー
- 86 なかよし8人
- 87 ハンドパワー

Chapter ❹ ちょこっと遊び

出し物と出し物の間の少しの時間に、子どもたちの集中がとぎれたとき…。いろんな場面で使えるちょこっと遊びを紹介。

手あそび

- 90 はじまるよ はじまるよ
- 92 おむすびつくろう
- 94 ごんべさんの赤ちゃん〈いろいろ編〉
- 96 ぞうさんとねずみさん
- 98 ぴよぴよちゃん

CONTENTS

ゲーム

- 100 すきですか きらいですか
- 102 くれよん しゅしゅしゅ
- 104 影絵クイズショー
- 106 まねっこ拍手
- 107 ぽこ ぺこ ぽん!
- 108 スーパーキャッチ できるかな
- 109 ジャンケンチャンピオン 勝ち抜き決定戦

クイズ

- 110 クーイズクイズ (1) 乗り物編
- 111 クーイズクイズ (2) からだ編
- 112 クーイズクイズ (3) 園のもの編
- 113 クーイズクイズ (4) 動物編
- 114 クーイズクイズ (5) 食べ物編
- 115 クーイズクイズ (6) いろいろ編

型紙

- 116 うたって入園おめでとう [P.10]
- 118 おたんじょうび おめでとう [P.14]
- 119 しゅうくんとかいちゃんの おつぎはなあに? [P.18]
- 120 大きな 大きなクリスマスツリー [P.22]
- 121 どうぶつむらのひろば [P.26]
- 122 おたんじょう バス [P.30]
- 123 さいしょは グー ジャンケン [P.34]
- 124 かわいいケーキで おめでとう? [P.38]
- 125 ねずみの嫁入り [P.40]
- 126 わらとすみとまめ [P.44]
- 127 こぶたぬきつねこ [P.54]

集会 成功のコツ ①
司会者編

明るい笑顔でさわやかに進めましょう

司会を担当するときには、いつもよりも明るい笑顔を心がけてみましょう。司会者がにこやかに落ち着いて語りかけてくれると安心して参加できます。
そして「張り切りすぎず」「影が薄すぎず」です。司会者だけ浮いて目的がかすんだ会になってしまったり、まとまりのつかない会になってしまったりするからです。

中央に立って両手をあけましょう

司会者の立ち位置のセオリーは下手ですが、入園式や卒園式などの改まったとき以外の、お誕生会やお楽しみ会などでは、中央に立つことをおすすめします。そして、ピンマイクやワイヤレスマイクを首からつって、両手をあけることです。
ゲームや手遊びをリードするとき、自由に動けて両手が使えると、とても便利です。

Chapter ❶
すぐできシアター

集会の出し物、シアター。
かんたん、すぐできるいろいろなシアターを
たくさん紹介します。

ペープサート❶

所要時間 5分　演者 3人〜

うたって入園おめでとう

子どもたちの知っている歌を、楽しくうたいましょう。不安そうな子もニコニコ笑顔に…。

用意するもの　絵人形：赤いチューリップ（裏 ゾウ）・白いチューリップ（裏 イヌとネコ）
　　　　　　　黄色いチューリップ（裏 サル）

□薄手の画用紙　　□ポスターカラーなど着色できるもの　　□油性フェルトペン
□ハサミ　　　　　□ペープサート用竹串か、先を平に削った割りばし
□両面テープ　　　□スティックのり

※型紙はP.116

作り方

❶ 型紙を拡大コピーしてポスターカラーなどで着色し、油性フェルトペンで縁取りする。

❷ 竹串を両面テープで留め、スティックのりで表と裏をはり合わせて、余白をハサミで切り落とす。

▼ 遊び方

1
○3人の保育者が、チューリップ（表）の絵人形を胸の前で持って、赤・白・黄色の順に並ぶ

保育者A・B・C「みなさん、こんにちは」

○子どもたちのあいさつを受けて

保育者A・B・C「ご入園、おめでとうございます」

みなさんこんにちは

すぐできシアター　ペープサート❶

[うたって入園おめでとう]

♪さいた　さいた♪

保育者A　「先生たち、チューリップを
　　　　　　持っています。
　　　　　　赤・白・黄色のチューリップ。
　　　　　　かわいいでしょう」

保育者B　「チューリップのお花が好きな人」

○子どもたちの反応を受けて

保育者B　「たくさんいますね」

2

保育者C　「みんなで『チューリップ』(作詞／近藤宮子　作曲／井上武士)の
　　　　　　お歌をうたいましょう。さん、はい！」

保育者A・B・C　○絵人形をゆっくり左右に揺らしながら
　　　　　　♪さいた　さいた　チューリップの　はなが
　　　　　　　ならんだ　ならんだ
　　　　　　　あか　しろ　きいろ
　　　　　　○歌詞に合わせて、
　　　　　　　赤・白・黄色と
　　　　　　　顔の横まで上げて下げる
　　　　　　○左右に揺らす
　　　　　　　どの　はな　みても
　　　　　　　きれいだな

しろ

3

保育者A　「わー、『チューリップ』のお歌、とってもじょうずです。
　　　　　　ほら、赤いチューリップさんも大喜び」

○赤いチューリップを左右に揺らして、反転させゾウを出す

● POINT ●
反転させるときには、親指とひとさし
指でタイミングよく回転させます。

すぐできシアター　ペープサート❶

| 保育者A | 「まあ、こんどはゾウさん！　ぼくの |
| お歌もうたってほしいな、ですって」 |

○挙手を求めながら

| 保育者A | 「『ぞうさん』のお歌を |
| うたってくれるお友達？」 |

○子どもたちの反応を確かめて

| 保育者A | 「わー、たくさんのお友達が |
| 歌ってくれます。それでは、さん、はい！」 |

○軽く揺らしたり、指をさしたりしながら「ぞうさん」を歌う

| 保育者B | 「わー、『ぞうさん』のお歌も、とってもじょうずです。 |
| ほら、白いチューリップさんも大喜び」 |

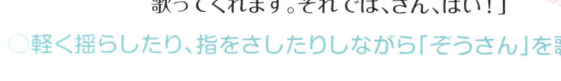

○白いチューリップを左右に揺らして、反転させイヌとネコを出す

| 保育者B | 「あら、イヌのおまわりさんとネコちゃん。やっぱり |
| お歌をうたってほしいと言っていますよ」 |

○挙手を求めながら

| 保育者B | 「『いぬのおまわりさん』のお歌を |
| うたってくれるお友達？」 |

○子どもたちの反応を確かめて

| 保育者B | 「わー、お友達みんなが歌って |
| くれます。それでは、さん、はい！」 |

○指をさしたり泣いたり困った動作を入れたりしながら
『いぬのおまわりさん』を歌う

| 保育者C | 「わー、『いぬのおまわりさん』のお歌、 |
| 元気にうたえました。 |
| ほら、黄色のチューリップさんも大喜び」 |

すぐできシアター **ペープサート ①**
[うたって入園おめでとう]

○黄色のチューリップを左右に揺らして、反転させてサルを出す。
　挙手を求めながら

保育者C　「『アイアイ』のお歌を
　　　　　うたってくれるお友達？」

○子どもたちの反応を確かめて

保育者C　「わー、みんなの手が挙がりました。
　　　　　うれしいな。それでは、さん、はい！」

○アクセントをつけたり指さしたりしながら
『アイアイ』を歌う

6

保育者A　「いろんなお歌がうたえて楽しかったね」

○ゾウ・イヌとネコ・サルを順に反転させて、赤・白・黄色のチューリップを出す

保育者A　「あれ！」
保育者B　「あれ！」
保育者C　「あれ！」

保育者A　「チューリップさんたち、もう一度お友達に歌ってほしいそうですよ。
　　　　　みんなで、もう一度歌いましょう」

○ ❷と同様に
　『チューリップ』の歌をうたう

保育者A　「また遊ぼうね」

● POINT ●
・子どもたちの反応に合わせて、柔軟に対応しましょう。
・チューリップは、息を合わせて動かしましょう。

所要時間 **5分**
演者 **1人**

ペープサート❷
おたんじょうび おめでとう

楽しいクイズ遊びのペープサート。プレゼントにふさわしい動物さんはだれかな?

用意するもの　絵人形：チーズ（裏 ネズミ）・ニンジン（裏 ウサギ）・アゲ（裏 キツネ）
バナナ（裏 ゴリラ）・リンゴ（裏 ゾウ）

※型紙はP.118

作り方はP.10を見てください。

▼ 遊び方

1　保育者　「これから、お誕生日の動物さんに
いいものプレゼント。
その動物さんはだれなのか、
当ててくださいね」

○チーズ（裏 ネズミ）を出し、軽く揺らしながら

　♪おたんじょうび　おめでとう
　　おいわいに　あげましょう

○チーズを指さしながら

　♪ほらね　おいしい　チーズです
　　でも　いったい　あなたは
　　だーれ

動物さんを当ててね

すぐできシアター　ペープサート❷
[おたんじょうび おめてとう]

| 保育者 | 「さあ、チーズの好きな動物さんはだれでしょう？」 |

| 子どもたち | 「ネズミ！」 |

| 保育者 | 「ネズミさんという声が聞こえました。さあ、どうでしょう。いち、にの、さん！」 |

○掛け声に合わせて反転させる

| 保育者 | 「大当たり！　ネズミさんでした。ネズミさん、チーズが大好きだから大喜び」 |

● POINT ●

反転させるときには、親指とひとさし指でタイミングよく回転させます。

2

| 保育者 | 「こんどは、これが好きなお友達です」 |

○ニンジン（裏 ウサギ）を出し、軽く揺らしながら

♪おたんじょうび　おめでとう
　おいわいに　あげましょう

すぐできシアター ペープサート❷

○ニンジンを指さしながら

♪ほらね　おいしい　にんじんです
　でも　いったい　あなたは　だーれ

保育者　「さあ、ニンジンの好きな動物さんはだれでしょう？」

子どもたち　「ウサギ！」「ウマ！」

保育者　「ウサギさん、ウマさんと両方聞こえましたよ。どちらでしょう。　いち、にの、さん！」

○掛け声に合わせて反転させる

保育者　「ウサギさんでした！　ウサギさん、ニンジンが大好きだから大喜び。ウマさんもニンジンが大好きなんだけど、惜しかったね」

3 ○以下同様に行なう
　　アゲ　→　キツネ
　　バナナ　→　ゴリラ
　　リンゴ　→　ゾウ

4

保育者

「たくさん当ててもらいました。
では、これで
『おたんじょうびおめでとう』
のペープサートは
お・し・ま・い！」

アレンジ!!

表に冠、裏に冠をかぶった男の子と女の子の絵人形を作って
♪(略)ほらね すてきな かんむりです でも いったい あなたは だーれ
と歌って、誕生児の入場の導入に使うこともできます。

おたんじょう だーれ　作詞・作曲／阿部 恵

たのしく

1.～5. お た ん じょ う び お め で と う

お い わ い に　　あ げ ま しょう

1. ほ ら ね お い し い チ ー ズ で す で も
2. ほ ら ね お い し い に ん じん で す で も
3. ほ ら ね お い し い お あ げ で す で も
4. ほ ら ね お い し い バ ナ ナ で す で も
5. ほ ら ね お い し い り ん ご で す で も

いっ たい あ な た は だ ー れ

ペープサート ❸

所要時間 **1〜2分** 　演者 **1人**

しゅうくんとかいちゃんの
おつぎはなあに？

しゅうくんとかいちゃんが進行役に。司会を助けてくれます。

用意するもの　しゅうくんとかいちゃんの絵人形

※型紙はP.119

作り方はP.10を見てください。

▼ 遊び方

1　○右手にしゅうくん、左手にかいちゃんを持ち体の後ろから出しながら

保育者
「みなさん、今日はしゅうくんとかいちゃんという二人のお友達が先生のお手伝いに来てくれましたよ」

しゅうくん　「みなさん、こんにちは」

○子どもたちのあいさつを受けて

しゅうくん　「ぼくの名前は『しゅう』です。『しゅうくーん』と、呼んでくれるとうれしいな」

○子どもたちの反応を受けて

しゅうくん　「どうもありがとう」

『しゅうくん』と呼んでね

すぐできシアター **ペープサート❸**
[しゅうくんとかいちゃんのおつぎはなあに?]

わたしは『かい』です

かいちゃん 「みなさん、こんにちは」

○子どもたちのあいさつを受けて

かいちゃん 「わたしの名前は『かい』です。
わたしも『かいちゃーん』と、
呼んでくれるとうれしいな」

○子どもたちの反応を受けて

かいちゃん 「どうもありがとう」

ねえ、かいちゃん!!

しゅうくん 「ねえ、かいちゃん。今日は、
○月生まれのお友達を
お祝いするお誕生会だって」

かいちゃん 「わたしたちも心を込めて
お祝いしましょう。しゅうくん、
どんなお友達がいるのか
早く知りたいね」

○月生まれのお友達の入場でーす

保育者

「しゅうくん、かいちゃん、それでは
出てきてもらいましょう。
○月生まれのお友達の入場です。
皆さんは音楽に合わせて、
手拍子で迎えてください」

○誕生児を迎える

すぐできシアター ペープサート❸

▼ プログラム紹介

○しゅうくん・かいちゃん、同様に2体持って

かいちゃん「みんな、お祝いしてもらって
うれしそうだったね。でも、
お誕生会はこれでおしまい？」

しゅうくん「かいちゃん、これから
楽しいことがあるんだって」

かいちゃん「楽しいことって、なあに？」

しゅうくん「それは、先生たちの劇で『大きなかぶ』」

かいちゃん「わあ、早く見たい、見たい！
しゅうくん、早く始めて
もらいましょう」

しゅうくん「そうだね、早く見たいね。
それなら、みんなで
『もう、いいかい？』って
聞いてみよう」

楽しいことって なあに？

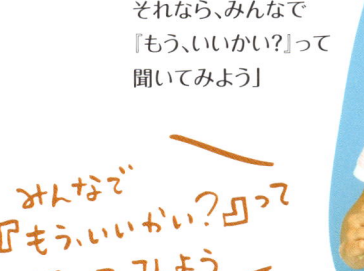

みんなで『もう、いいかい？』って聞いてみよう

すぐできシアター **ペープサート❸**
【しゅうくんとかいちゃんのおつぎはなあに？】

2

もう、いいかい？

○しゅうくんとかいちゃん、同じ方向を向けて、いっしょに声を掛けるように

しゅうくん　「さん、はい！」

みんなで　「もう、いいかい？」

出演保育者　「もう、いいよ！」

しゅうくん　「もういいって。それでは先生たちの…」

かいちゃん　「『大きなかぶ』はじまりです。
　　　　　　　拍手！」

● POINT ●
話すほうの絵人形だけ動かして、聞くほうの絵人形は動かさないことが原則です。

はじまりはじまり…　　拍手！

巻き込みペープサート 所要時間 3分  演者 1人

大きな 大きなクリスマスツリー

リズミカルにお話しましょう。大きな大きなクリスマスツリーに大歓声が。

用意するもの

クマくん・タヌキちゃん・キツネくん・ウサギちゃん・イヌくん・リスちゃん・ネズミくん（裏　クリスマスツリー）の絵人形
□ 全芯ソフト色鉛筆など着色できるもの
□ スティックのり
□ 割りばしまたはペープサート用竹串
□ ハサミ　※型紙はP.120

作り方

❶ 型紙を拡大コピーして全芯ソフト色鉛筆などで着色し、表と裏をはり合わせる。

❷ 割りばしを両面テープで留め、図のように順に巻き込んでできあがり。
※保育室で演じる場合はA3サイズで作って演じます。

▼ 遊び方

1

○巻き込んだクマくんの場面を見せて

クマくん「さあ、行こう！」

保育者
「クマくんうれしそうに雪の道を『キュッキュ、キュッキュ』と歩きます」

キュッキュ
キュッキュ

2

タヌキちゃん「クマくん、待ってー！」

○巻き込んだ場面をひとつ開いて、タヌキちゃんを見せて

保育者
「クマくんの後にやってきたのは、タヌキちゃん。いっしょに雪の道を『キュッキュ、キュッキュ』と歩きます」

キュッキュ
キュッキュ

すぐできシアター 巻き込みペープサート
[大きな 大きなクリスマスツリー]

3 キツネくん
「クマくん、タヌキちゃん、待ってー!」
○巻き込んだ場面をもうひとつ開いて、キツネくんを見せて

保育者
「クマくんとタヌキちゃんの後にやってきたのは、キツネくん。いっしょに雪の道を『キュッキュ、キュッキュ』と歩きます」

4 ウサギちゃん「クマくん、タヌキちゃん、キツネくん、待ってー!」
○巻き込んだ場面をもうひとつ開いて、ウサギちゃんを見せて

保育者
「クマくんとタヌキちゃんとキツネくんの後にやってきたのは、ウサギちゃん。いっしょに雪の道を『キュッキュ、キュッキュ』と歩きます」

5 イヌくん
「クマくん、タヌキちゃん、キツネくん、ウサギちゃん待ってー!」
○巻き込んだ場面をもうひとつ開いて、イヌくんを見せて

保育者
「クマくんとタヌキちゃんとキツネくんとウサギちゃんの後にやってきたのは、イヌくん。いっしょに雪の道を『キュッキュ、キュッキュ』と歩きます」

6 リスちゃん
「クマくん、タヌキちゃん、
キツネくん、ウサギちゃん、
イヌくん、待ってー!」

○巻き込んだ場面を
　もうひとつ開いて、
　リスちゃんを見せて

保育者
「クマくんとタヌキちゃんと
キツネくんとウサギちゃんとイヌくんの
後にやってきたのは、リスちゃん。
いっしょに雪の道を『キュッキュ、キュッキュ』と歩きます」

7 ネズミくん　「クマくん、タヌキちゃん、キツネくん、ウサギちゃん、
イヌくん、リスちゃん、待ってー!」

○巻き込んだ場面をもうひとつ開いて、
　ネズミくんを見せて

保育者
「クマくんとタヌキちゃんと 
キツネくんとウサギちゃんと
イヌくんとリスちゃんの後に
やってきたのは、ネズミくん。
いっしょに雪の道を
『キュッキュ、キュッキュ』と歩きます」

○軽く揺らしながら

保育者　「みんなで『キュッキュ、キュッキュ』　みんなで『キュッキュ、キュッキュ』
みんなで『キュッキュ、キュッキュ』　と、歩いていたら…」

[大きな 大きなクリスマスツリー]

8

○裏返す

保育者

「わー、大きな、大きな、クリスマスツリー！
みんなはツリーの下に集まって、
夜空を見上げて『メリー、クリスマス！』」。
みんなもいっしょに、さん、はい、

「メリー、クリスマス！」。
クリスマス、おめでとう！」

パネルシアター❶　所要時間 3分　演者 1〜2人

どうぶつむらのひろば

動物村にたくさんの仲間が集まりました。ゆかいな鳴き声がどんどんつながって…。

用意するもの

絵人形：・ブタ・ネズミ・カラス・ヒツジなど、必要な動物の親子
・タイトルのアーチ

☐ パネルシアター用不織布
☐ 鉛筆
☐ ポスターカラー
☐ 油性フェルトペン
☐ ハサミ
※型紙はP.120

作り方

❶ 型紙を拡大コピーし、不織布に型紙を描き写す。

❷ ポスターカラーなどで着色し、油性フェルトペンで縁取りしてハサミで余白を切り落とす。

※裏表があるものは、木工用接着剤ではり合わせる。

▼ 遊び方

1 　○タイトルのアーチを出しながら

保育者「ここは動物村の広場。いろんな動物さんが次々と集まりますよ」

いろんな動物さんが集まりますよ

すぐできシアター **パネルシアター❶**
[どうぶつむらのひろば]

ブゥブゥブゥ

ブタの親子です

○ブタの親子を出して

保育者 「最初はブタの親子です。
追いかけっこで歌って
くださいね」

♪ここは（ここは）
　どうぶつむらの　ひろば
　ここは（ここは）
　みんなの　ひろば
　ぶたの　おやこが　やってきて
　ブゥブゥブゥ　となきました
 ※

2

♪※ 繰り返し

○ネズミの親子を出しながら

♪ねずみの　おやこが　やってきて
　チュウチュウチュウ　となきました
　ブゥブゥブゥ　チュウチュウチュウ
　と　なきました

チュウ
チュウ
チュウ

● POINT ●
最後の鳴き声が続くフレーズは、登場した順
番に指をさしながら歌いましょう。

27

♪からすの おやこが やってきて♪

3

♪※ 繰り返し

○カラスの親子を出しながら

♪からすの おやこが やってきて
　カァカァカァ となきました
　ブゥブゥブゥ チュウチュウチュウ
　カァカァカァ と なきました

4

♪※ 繰り返し

○ヒツジの親子を出しながら

♪ひつじの おやこが やってきて
　メェメェメェ となきました
　ブゥブゥブゥ チュウチュウチュウ
　カァカァカァ メェメェメェ と なきました

5

♪※ 繰り返し

○同様に、イヌ・アヒル・サル・キツネ・ウシの親子を出しながら

♪うしの おやこが やってきて
　モーモーモー となきました
　ブゥブゥブゥ チュウチュウチュウ
　カァカァカァ メェメェメェ
　ワンワンワン ガァガァガァ
　キャッキャッキャッ コンコンコン
　モーモーモー と なきました

すぐできシアター **パネルシアター❶**
[どうぶつむらのひろば]

● POINT ●

参加している子どもたちの年齢や場面に応じて、登場する動物の数を調整しましょう。また、ライオンやウマやスズメなども作ると楽しいでしょう。

みんなの広場　作詞／村山 恵子　作曲／多志賀 明　編曲／豊島 光子

ここ は(ここは)　ここ は(ここは)　どうぶつむらの
ひろば ここ は(ここは)　ここ は(ここは)　みんなのひろ
ば　―　ぶたの―おやこが　やってきて　ブゥブゥブゥ と
なきました ここ なきました　　2. ブゥ ブゥ ブゥ
　　　　　　　　　　　　　　　（3. ブゥ ブゥ ブゥ
　　　　　　　　　　　　　　　　チュウ チュウ チュウ）
2. チュウ チュウ チュウ と なきまし た　ここ　た
3. カァ カァ カァ と なきまし

パネルシアター❷

 **5分**  **1人**

おたんじょうバス

おたんじょうバスが、お誕生会にやってきました。今月はだれが乗っているのかな?

用意するもの　絵人形： ・おたんじょうバス(小・中・大)　・バス停　・誕生児
　　　　　　　　・お・た・ん・じ・ょ・う・び・お・め・で・と・う　の文字

※型紙はP.122　

作り方はP.26を見てください。

おたんじょうバス(大)の作り方

おたんじょうバス(大)は厚口の不織布を使います。
誕生児の絵人形をセットしておくポケットを
作ります。

→並口　のりしろ　←厚口

パネルシアター用不織布をポケットの大きさに四角く切る。
図のように、のりしろの部分を木工用接着剤ではり付ける。

※ポケットに誕生児の
絵人形をセットして
おきます。

▼ 遊び方

"おたんじょうかいゆき"
って書いてありますよ

1　○おたんじょうバス(小)を出しながら

保育者「向こうからバスが
走ってきました。
"おたんじょうかいゆき"
って書いてありますよ。
だれが乗っているの
かな?」

すぐできシアター　パネルシアター❷
[おたんじょうバス]

○ハンドルを握る動作をして楽しく歌いながら

♪ブーブーブーブー　はしります
　おたんじょうバスが　ブーブーブー
　ブーブーブーブー　はしります
　たんじょうかいへ　ブーブーブー

○おたんじょうバス(小)と(中)を入れ替えながら

♪ブーブーブーブー　はしります
　おたんじょうバスが　ブーブーブー
　ブーブーブーブー　はしります
　たんじょうかいへ　ブーブーブー

2 ○おたんじょうバス(中)と誕生児をセットした
　　(大)を入れ替えながら

保育者　「わあ、こんなに近づいてきました」

○同様に歌いながら

♪ブーブーブーブー　はしります
　おたんじょうバスが　ブーブーブー
　ブーブーブーブー　はしります
　たんじょうかいへ　ブーブーブー

3

○バス停の立て札を出しながら

保育者　「○月うまれのお友達が
　　　　なかよし園前に着きましたよ
　　　　中に乗っているのはだれでしょう？」

○子どもたちの反応を受けながら

保育者　「みんなが言ってくれたように、○月生まれの
　　　　お友達は3人。だれが先に降りてくるのかな？」

\なかよし園前に着きましたよ/

\だれが先に降りてくるのかな？/

○バスにセットした誕生児の
　絵人形を、1枚ずつ出しながら

\こうすけくん/

保育者

「最初は、こうすけくん。
　次は、かりんちゃん。
　最後は、れなちゃんでした」

\最後は、れなちゃんでした/

● POINT

子どもたちの反応を受けながら、ゆっくり進めます。
「ケンケンができるようになったお友達ですよ」と、ヒントを出してもよいでしょう。

すぐできシアター **パネルシアター❷**
[おたんじょうバス]

4 おたんじょうびおめでとう

○お・た・ん・じ・ょ・う・び・お・め・で・と・う・の絵人形を
スライドさせながら出して

保育者

「お誕生日おめでとう！

さあ、これからみんなからの歌のプレゼントや
先生からの手品のお祝い、誕生カードのプレゼントがありますよ。
こっちの席に座ってください。みんなは手拍子で
『ハッピーバースデイトゥーユー』の
歌をうたいましょう！」

アレンジ!!

全園児が集う誕生会で誕生
児が多い場合バスの台数を
増やすとよいでしょう。バス
は色違いで作っても楽しい
ですね。

おたんじょうバス　作詞／阿部 恵　作曲／佐藤 千賀子

ブー　ブー　ブー　ブー　はしります　　おたんじょうバスが

ブー　ブー　ブー　　ブー　ブー　ブー　ブー　はしります

おたん　じょうかいへ　　ブー　ブー　ブー

さいしょは グー ジャンケン

ジャンケンの弱い人も活躍できる、楽しいジャンケン遊びです。

| 用意するもの | 絵人形：・グー（裏 グー）　・グー（裏 チョキ）　・グー（裏 パー） |

※型紙はP.123

作り方はP.26を見てください。

▼ 遊び方

1

　保育者　「今日は さいしょは グー ジャンケンで遊びましょう」

　○パネルに中央に、グー（裏 パー）の絵人形を出して

　保育者　「最初はあいこの人が勝ちの、あいこジャンケンです。
　　　　　　♪さいしょは　グー　ジャンケン　ポン！　で、
　　　　　　このグーを裏返します。同じ物を出した人、あいこの人が勝ちです」

さいしょは グー ジャンケンで遊びましょう！

すぐできシアター　パネルシアター❸
[さいしょはグーじゃんけん]

| 保育者 | 「さあ、やってみましょう！」 |

♪さいしょは　グー　ジャンケン　ポン！

○グーを裏返す。（パー）

| 保育者 | 「パーでした！　パーを出してあいこだった人！」 |

○子どもたちの反応を受けて

| 保育者 | 「おめでとう！　これでルールはわかりましたね。それではこのパーをしまって、違うのを出しましょう」 |

○パネルに中央に、違うグー（例えば裏 グー）の絵人形を出して

| 保育者 | 「2回戦をやりましょう」 |

※同様に遊ぶ

● POINT ●

リズムに乗ってオーバーアクション。グーをタイミングよくめくりましょう。
もう少し遊びたいと思うところで切り上げると、次につながりやすくなります。

すぐできシアター　パネルシアター❸

2　保育者　「今度は、負けた人が勝ちの、負けっこ ジャンケンで遊びましょう」

○パネルに中央に、グー（例えば裏面がチョキ）の絵人形を出して

保育者　「いいですね。負けた人が勝ちですよ！」

♪さいしょは　グー
　ジャンケン　ポン！

○グーを裏返す。
　（チョキ）

保育者　「チョキでした！
　　　　　チョキに負けるのはパー。
　　　　　パーを出して負けた人？」

○子どもたちの反応を受けて

保育者　「おめでとう！」　※同様に遊ぶ

すぐできシアター **パネルシアター❸**
[さいしょはグージャンケン]

３ 保育者 「最後は、いつもの勝ちっこ ジャンケンです」

○パネルに中央に、グー（例えば裏 パー）の絵人形を出して

保育者 「いいですね。勝った人が勝ちですよ！」

♪さいしょは　グー
　ジャンケン　ポン！

最後はいつもの勝ちっこジャンケンです

○グーを裏返す。（パー）

保育者 「パーに勝つのはチョキ。
　　　　チョキを出した人？」

○子どもたちの反応を受けて

保育者 「おめでとう！」　※同様に遊ぶ

おめでとう！

アレンジ!!

うちわシアターでも遊べます。パネルシアターと同様に、うちわ3本の片面はすべてグー。裏面にグー・チョキ・パーをそれぞれはります。

ぱたぱたシアター

所要時間 3分　**演者** 1人

かわいいケーキでおめでとう？

小さなケーキがみんなの呪文で大きなケーキに…。1枚の紙で楽しく遊べます。

用意するもの
両面にケーキが描いてあるぱたぱたシアター

□全芯ソフト色鉛筆　※型紙はP.124

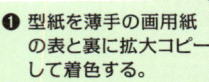

作り方
❶ 型紙を薄手の画用紙の表と裏に拡大コピーして着色する。
❷ 破線に沿って山折りに折るとできあがり

全芯ソフト色鉛筆　拡大コピーし色を塗る　できあがり！

▼ 遊び方

1
○ポケットから折ったぱたぱたシアターを出して、最初の画面を見せながら

保育者「今日は4歳になった○○ちゃんに、お誕生日のプレゼントがあります。ポケットから出してみましょう。ほら、かわいいケーキでしょう」

ほら、かわいいケーキ！

○子どもたちの反応を受けて

保育者「そうだね、かわいいケーキだけど、もう少し大きいほうがうれしいね。そうだ、魔法の杖で大きくしてみましょう」

2
○ひとさし指を出しながら

チチーンプイ！

保育者「みなさん、先生と同じように、ひとさし指を出して応援してください。このケーキに向かって
♪大きくなあれ　大きくなあれ　チチーン　プイ！
と呪文をかけますよ。　さあ、みんなもいっしょに」

○子どもたちといっしょに

保育者　**子どもたち**「♪大きくなあれ　大きくなあれ　チチーン　プイ！」

3
○ぱたぱたシアターの折をひとつ広げながら

大きくなりました！

保育者「みんなの呪文が効いて、ケーキが大きくなりました。拍手！」

すぐできシアター **ぱたぱたシアター**
[かわいいケーキでおめでとう?]

4 5

○子どもたちの反応を確かめて、
呪文をかけて
ぱたぱたシアターの折を順に
広げていく

保育者「うわ、これは大きい!」

○子どもたちの反応を受けて

保育者「えっ、もっと大きくしたい。
それなら、もっと、もっと、
もっと、大きな呪文ですよ」

保育者 **子どもたち**「♪大きくなあれ
大きくなあれ
チチーン プイ!」

6

○ぱたぱたシアターの折を
さらに広げて裏面を出す

保育者「うわ、こんなに大きな、ジャンボケーキに
なりました。拍手! 『お誕生日おめでとう』と
書いてありますよ。 ○○ちゃん、
お誕生日おめでとう! みんなで
『ハッピーバースディトゥユー』の
歌をうたってお祝いしましょう!」

○『ハッピーバースディトゥユー』の
歌をうたう

7

○ぱたぱたシアターを元に戻して

保育者「はい、これは先生からのプレゼント。
また園の誕生会で、
お祝いしてもらいましょうね」

● POINT ●

・呪文は徐々に大きくしていくと盛り上がります。
・表面の一コマあいているスペースに「○○ちゃんおたんじょうびおめでとう ○ねん○がつ○にち」とタイトルを入れてもよいでしょう。

ペンダントシアター 所要時間 5分 演者 1人

ねずみの嫁入り

いつでもどこでも手軽に子どもたちとの掛け合いで楽しいお話ができます。

用意するもの

- □ 工作用紙
- □ ひも(細くてカラフルなもの)
- □ 全芯ソフト色鉛筆など
- □ 穴あけパンチ
- □ スティックのり
- □ ハサミ

※型紙はP.125

作り方

❶ 型紙を拡大コピーし全芯ソフト色鉛筆などで着色し、工作用紙にはる。

❷ ハサミで切り取り、パンチで穴をあける。

❸ 順にひもを通してできあがり。

▼進め方

1 ナレーター 「さあ、楽しいことが始まりますよ」

○ペンダントを首に掛け、絵を持って

● POINT ●
持つときに、ペンダントに手が掛からないように注意しましょう。

楽しいことが始まりますよ

ナレーター 「ねずみの嫁入りのお話、はじまりはじまり。
あるところにねずみの夫婦がいました。
ふたりにはちゅうこさんというかわいい娘がいました。
ふたりはちゅうこさんのおむこさんを探しに行くことにしました」

すぐできシアター　ペンダントシアター
[ねずみの嫁入り]

りっぱな方を おむこさんに したいね！

お父さんねずみ　「なあ、お母さん、この世で一番りっぱな方をおむこさんにしたいね」

お母さんねずみ　「そうですね、お父さん」

○1枚めくって肩の後ろまで移す

2

ナレーター　「親子はお日様のところまでやってきました」

お父さんねずみ　「お日様、お日様、お願いがあります。うちの娘のおむこさんになってくださいな」

お母さんねずみ　「この世で一番りっぱな方を、ちゅうこのおむこさんにしたいんです」

○子どもたちの反応を確かめて

お日様 お日様

お日さま　「ねずみさん、残念ですが、私はこの世で一番りっぱでなんかありません。雲さんに隠されてしまいますからね」

ナレーター　「そこで、親子は雲さんのところへ行くことにしました」

○1枚めくって、次の場面を出す

すぐできシアター ペンダントシアター

3 ○同様に、雲さん、
4 風さん、**5** 壁さんと続ける

「雲さん、雲さん」

雲さん

「ねずみさん、残念ですが、
私はこの世で一番
りっぱでなんか
ありません。
風さんに飛ばされて
しまいますからね」

「ふぅ〜」

風さん

「ねずみさん、残念ですが、
私はこの世で一番
りっぱでなんかありません。
壁さんに止められて
しまいますからね」

「一番りっぱでなんか
ありません」

壁さん

「ねずみさん、残念ですが、
私はこの世で一番りっぱでなんかありません。
ねずみさんにかじられてしまいますからね」

42

すぐできシアター ペンダントシアター

[ねずみの嫁入り]

びっくりしたね。
ちゅうたさんが一番だって

お父さんねずみ 「お母さん、びっくりしたね。
お日様よりも雲さんよりも
風さんよりも、りっぱなのが
私たちねずみだなんて」
お母さんねずみ 「しかも、お父さん、
ちゅうたさんが一番だって、
壁さんが教えてくれましたよ」
ナレーター 「ちゅうこさんも大喜び」

○めくって最後の1枚を出す

めでたい、めでたし。
おしまい

6

ナレーター

「ちゅうこさんとちゅうたさんは
結婚しました。
ほら、ふたりはうれしそう。
お父さんもお母さんも大喜び。

めでたし、めでたし。
おしまい」

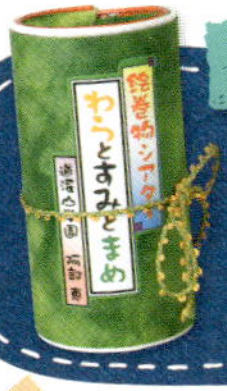

| 絵巻物シアター | 所要時間 5分 | 演者 1人 |

わらとすみとまめ

絵巻物でお話が楽しめます。いつもと違った興奮で特別な日に。

用意するもの

絵巻物
- □ 色紙を巻いたトイレットペーパーの芯など、筒状のもの
- □ 全芯ソフト色鉛筆など着色できるもの
- □ スティックのり
- □ 和紙や千代紙
- □ ひも

※型紙はP.126

作り方

❶ 型紙を拡大コピーして着色し、順にはり合わせる。

❷ トイレットペーパーの芯などに最後の部分をはり、巻き付けていく。

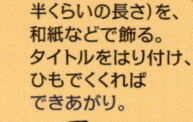

❸ 表面(筒のひと巻き半くらいの長さ)を、和紙などで飾る。タイトルをはり付け、ひもでくくればできあがり。

▼ 遊び方

1 ○絵巻物をのタイトルを見せながら

　保育者 「わらとすみとまめ」

2 ○ひもを解いて巻物を開いて

　保育者 「むかしむかし、わらとすみとまめが相談して、京の都におまいりに出かけました」

3 ○次の場面を出して

　保育者 「どんどん行くと、峠がありました。眺めが良かったのでひと休みしながら、こんな話をしました」

　わら 「ほら、おいらはあそこに見えるような、田んぼで育ったんだ」

　すみ 「へー、おいらは向こうに見えるような、山で育ったのさ」

　まめ 「へー、おいらは田んぼの横に見えるような畑で育ったんだよ」

すぐできシアター　絵巻物シアター

[わらとすみとまめ]

橋が架かっていません…

4 ○次の場面を出して

保育者

「楽しく歩いて行くと、川がありました。
でも、橋が架かっていません。
困っていると、
わらが言いました」

5 ○次の場面を出して

わら　「みんな、おいらは背が高いから橋になるよ。
2人は、先に渡って、後でおいらを引き上げておくれよ」

すみ　**まめ**　「え、いいのかい」

おいらが橋になるよ

6 ○次の場面を出して

保育者

「ところが、まめはわらの橋を渡るのが
怖くてしかたありません。
すみに先に渡るように言いました」

すみくん、
先に渡って
おくれよ

すぐできシアター　絵巻物シアター

7 ○次の場面を出して

　保育者

「すみは先に渡り始めましたが、わらの橋の
　真ん中までくると、怖くて体が熱くなり、
　わらが燃え始めました」

　わら

「わーい、助けてくれー！！」

　すみ

「わらくん、ごめん！
　怖くてどうしようもないんだ･･･」

＼わーい助けてくれ～！！／

8 ○次の場面を出して

　保育者

「わらとすみは、**ドボン！**
　と谷川に落ちました」

どぼ～ん

9 ○次の場面を出して

　保育者

「まめは、そのようすがおかしくて、
　わははわははと
　笑い出しました」

わはは

わはは わはは

46

すぐできシアター　絵巻物シアター
[わらとすみとまめ]

10 ○次の場面を出して

保育者

「ところがあんまり笑いすぎて、おなかが、**ぱちーん！**と割れてしまいました」

11 ○次の場面を出して

保育者

「ちょうどそこを通りかかった旅の娘さんが、『黒い糸しかないけどよかったら…』と、おなかを縫ってくれました」

12 ○次の場面を出して

保育者

「それからというものまめには、おなかに黒い筋があるようになりました。そして、下を見るとまだおなかが痛いので、いつも空を見て歩くようになり、いつからか**そらまめ**と呼ばれるようになったということですよ」

おしまい

47

集会 成功のコツ ❷ 進行編

どんな会でも進行表を持ちましょう

お誕生会やお楽しみ会くらいだとメモ用紙にプログラムを走り書き、くらいが多いのではないでしょうか。どんな小さい会でもプログラムはもちろん、タイムスケジュールや準備するもの、つなぎの遊びの準備などを記した進行表を持つことです。
B6くらいの色画用紙を2折りにした進行表を、ポケットに入れておくと安心です。

つなぎ遊びをたくさん用意しておきましょう

プログラムとプログラムのつなぎの遊び、気分転換の遊び、集中させる技術など、たくさん仕入れておきましょう。先輩の技術を参考にさせてもらったり、他園に勤務している友達などと情報交換をしておいたりするとよいでしょう。
それらのリストもとっさに出ないことも多いので進行表に組み入れておくとよいでしょう。

1 次はくまぐみさんの合奏で「星のくにのクリスマス」ですどうぞー
しーーん…

2 あれっ!? 準備がまだみたいですね…
何かしなきゃ そうだ ポケットに…

3 うわーん これじゃ わかんない!!
ポケットのメモ

4 えっと もうちょっと待っててっ…
まだ？ つまんなーい

Chapter ❷
職員劇・合奏

職員劇や
子どもたちといっしょに遊べる合奏など
集会の出し物にバラエティを。

職員劇❶ 　所要時間 🕰 **10分**　演者 **7人**

おおきなかぶ

0歳から楽しめ、会場の子どもたちから掛け声が。かぶが抜けるところが見せ場です。

| 用意するもの | [いぬ・ねこ・ねずみ] 画用紙で耳を作り、カチューシャに付ける。同様にしっぽを作り、おしりに付ける。 | [かぶ] 人が隠れるくらいの段ボールにかぶを描き、顔の大きさで真ん中をくり抜く。 |

▼ 遊び方

1
○上手のそで幕にかぶの一部が見えている。おじいさん下手から登場

おじいさん「やれやれ、ここらでひとやすみ。向こうで腰を下ろしましょう」

○上手に向かい歩き、大きなかぶの葉を見つける

おじいさん「おや、こんなところにおおきなかぶの葉が。こんなにおおきなかぶは見たことない。ひとつ引っ張ってみよう」

○かぶの葉を持って、リズミカルに引っ張る

♪ウントコショ　ドッコイショ
　おおきなかぶだよ　ウントコショ
　ウントコショ　ドッコイショ

おじいさん「これはびくともしない。おばあさんを呼ぼう。（下手に向かって）おばあさん、手伝っておくれ！」

2
○おばあさん下手から登場

おばあさん「はいはい、なんですか？」
おじいさん「おばあさん見ておくれ、こんなにおおきなかぶが･･･。抜くのを手伝っておくれ」
おばあさん「おや、ほんとにおおきなかぶですね。手伝いますとも」

職員劇・合奏　職員劇❶

[おおきなかぶ]

○おじいさんの後ろにおばあさん。
　リズミカルに引っ張る

♪ウントコショ　ドッコイショ
　おおきなかぶだよ　ウントコショ
　ウントコショ　ドッコイショ

おじいさん「これはびくともしない。今度は孫のゆきちゃんを呼ぼう。
（下手に向かって）
ゆきちゃん、手伝っておくれ！」

3　○ゆきちゃん下手から登場

ゆきちゃん「はーい、おじいちゃんなあに？」

※以下同様に

おじいさん「これはびくともしない。いぬのぽちを呼ぼう。
（下手に向かって）
ぽち、手伝っておくれ！」

4　○ぽち下手から登場

ぽち「はーい、おじいさんなあに？」

※以下同様に

おじいさん「これはびくともしない。
ねこのたまを呼ぼう。（下手に向かって）
たま、手伝っておくれ！」

5　○たま下手から登場

たま「はーい、おじいさんなあに？」

※以下同様に

おじいさん「まだびくともしない。もう家には、ねずみのちゅうすけだけだ。（下手に向かって）
ちゅうすけ、手伝っておくれ！」

51

職員劇・合奏　職員劇❶

6 ○ちゅうすけ下手から登場

ちゅうすけ「はーい、おじいさんなあに?」

おじいさん「ちゅうすけ見ておくれ。こんなにおおきなかぶが。
　　　　　　みんなで引っ張っても抜けないんだよ。手伝っておくれ」

ちゅうすけ「うわー、おおきなかぶ。お手伝いします!」

おじいさん「さあ、みんな。もう家にはだれもいないよ。力を合わせて・・・」

●おじいさん・おばあさん・ゆきちゃん・ぽち・たま・ちゅうすけとつながって。
　リズミカルに引っ張る。(徐々に大きく)

♪ウントコショ　ドッコイショ
　おおきなかぶだよ　ウントコショ
　ウントコショ　ドッコイショ　(×3回繰り返し)

7 ○大太鼓のドドドーン!　という音と共に、かぶが中央に飛び出す。

○みんなはかぶの周囲に集まって

みんな「わーい、抜けた抜けた!」

おじいさん「それにしても、おおきなかぶだな」

おばあさん「そうですね、こんなおおきなかぶは見たことがないですね」

ゆきちゃん「わたしも!」　**ぽち**　**たま**　**ちゅうすけ**「ぼくたちも!」

かぶ「わたしも!」　**みんな**「えっ?　かぶがしゃべった!」

わたし
も!

職員劇・合奏　職員劇❶
[おおきなかぶ]

8

かぶ　「だれも気がついてくれないから、
　　　だれかに見つけてほしかったの」

おじいさん　「そうか、それはよかった。
　　　みんなで歌おう！」

●「森のくまさん」のメロディーで、みんなでうたいながら踊る

♪あるひ（あるひ）
　おじいさん（おじいさん）　はたけで（はたけで）　みつけたよ（みつけたよ）
　おおきなかぶを　はたけでみつけたよ

　ウントコショ（ウントコショ）　ドッコイショ（ドッコイショ）
　なかなか（なかなか）　ぬけないよ（ぬけないよ）
　おおきなかぶは　なかなかぬけません

　おばあさん（おばあさん）　ゆきちゃん（ゆきちゃん）　ぽちたま（ぽちたま）
　ちゅうすけ（ちゅうすけ）　みんなで　ウントコショ　ウントコショ　ドッコイショ

　おおきな（おおきな）　かぶは（かぶは）　ドドーンと（ドドーンと）
　ぬけました（ぬけました）　かぶもよろこんで　いっしょにうたいます

　かぶもよろこんで　いっしょにおどります

○みんなでポーズを取って

おしまい！

● POINT ●
最後の歌は、みんなで振付けをして楽しく踊りましょう。

職員劇❷

所要時間 **5分** 　演者 **5人**

こぶたぬきつねこの 年長さんありがとう

お面やキャップで簡単に楽しい劇が。最後はみんなで楽しく歌います。

用意するもの
※型紙はP.127

絵人形：コブタ（ブータ）・タヌキ（ポンコ）・キツネ（ツネオ）・ネコ（ミーコ）のお面、またはキャップ。

▼ 遊び方

1

司会者「ここは動物たちが通っているアニマル幼稚園（保育園）。あれあれ、年中さんのブータくん、朝からどうしたのかな」

○下手からブータくん、少し元気なさそうに登場

ブータくん「あ〜あ、年長さんとももうすぐお別れか。なんだか、さみしいな・・・。ぼく、年長さんになったらプールがんばることできるかな。お泊り保育で泊まることできるかな」

2 ○上手からポンコちゃん元気に登場

ポンコちゃん「ブータくん、おはよう！」　**ブータくん**「あっ、ポンコちゃん。おはよう」

ポンコちゃん「どうしたのブータくん、元気ないみたいだけど」

ブータくん「あのね、年長さんもうすぐ卒園でしょう。そうすると、ぼくたちが年長さん。年長さんになったらプールがんばることできるかな。お泊り保育で泊まることできるかな、って心配になったの」

ポンコちゃん「そうね、運動会の組体操やリレー、かっこよかったよね。私たちもあんなふうにできるのかしら」

職員劇・合奏　**職員劇❷**
〔こぶたぬきつねこの年長さんありがとう〕

3 ○上手からツネオくんとミーコちゃん登場

ツネオくん　**ミーコちゃん**
「ブータくん、ポンコちゃんおはよう！」

ブータくん　**ポンコちゃん**
「ツネオくん、ミーコちゃんおはよう…」

ツネオくん「どうしたの、2人とも
なにか難しいことがあるの？」

ミーコちゃん「困ったことがあるの？」

ブータくん「ううん、もうすぐ年長さんがいなくなるからさみしくなって･･･」

ポンコちゃん「そう。年長さんみたいに何でもかっこよくできないから
ちょっと心配になったの」

ツネオくん「そうか。そういえば、発表会の劇も合奏もじょうずだったね」

ミーコちゃん「そうね。私たちや年少さんに、とても親切にしてくれたよね」

4

司会者

「あらあら、ブータくん、ポンコちゃん、ツネオくん、
ミーコちゃん、みんな考え込んでしまった
みたいですよ。ねえ、皆さん。
皆さんはブータくん、ポンコちゃん、ツネオくん、
ミーコちゃんはどうしたらいいと思いますか？」

○子どもたちの反応を確かめながら

「あっ、『自信を持ったらいい』というアドバイスが出ました。
『最初はそうだけど、できるようになる』
『みんなで協力すればいい』『やさしくしてあげればいい』
『練習をたくさんするとできる』
『心配しなくてもだいじょうぶ』････」

職員劇・合奏　**職員劇❷**

5　司会者　「わあ、たくさんのアドバイスが出ました」

○明るい表情で

ブータくん　「そうか、自信を持ったらいいんだ」

ポンコちゃん　「練習すればできるようになるのね」

ツネオくん　「みんなで協力すればいいんだ」

ミーコちゃん　「やさしい気持ちが大事なのね」

ブータくん　「なんだか元気が出てきた」

ポンコちゃん　「ねえ、みんなで、年長さんの卒園をお祝いする、お歌をうたいましょう」

ツネオくん　「賛成、どんな歌がいいかな」

ミーコちゃん　「私たち4人だから『こぶたぬきつねこ』(作詞・作曲/山本直純)はどう？」

ブータくん　ポンコちゃん　ツネオくん　「歌おう、歌おう！」

6　司会者　「とってもいいアイディアね。全員で歌いましょう」

ブータくん　「ねえ、みんな。ぼくたちの後について元気に歌ってね」

○ピアノ伴奏に合わせて「こぶたぬきつねこ」を歌う。1回目は歌だけ、2回目に動作を入れる

こぶた（こぶた）
たぬき（たぬき）
きつね（きつね）
ねこ（ねこ）

ブブブー（ブブブー）
ポンポコポン（ポンポコポン）
コンコン（コンコン）
ニャーオ（ニャーオ）

職員劇・合奏　**職員劇❷**
[こぶたぬきつねこの年長さんありがとう]

ブブブー のときは…
右手と左手でそれぞれ筒を作り、鼻の前でくっつけてブタのまねをする

ポンポコポン のときは…
両こぶしで胸を軽くたたきタヌキのまねをする

コンコン のときは…
両手を頭の上に挙げキツネのまねをする

ニャーオ のときは…
両手をネコの手で胸の前に合わせネコのまねをする

○声をそろえて

ブータくん　ポンコちゃん　ツネオくん　ミーコちゃん

「年長さん、ご卒園おめでとう！」

司会者

「わあ、楽しかったね。ブータくん、ポンコちゃん、ツネオくん、ミーコちゃんありがとう。

皆さん拍手！」

\おしまい！／

● POINT ●

子どもたちに問いかける場面は、子どもの声を司会者が受け止めて、みんなに紹介します。

合奏① ハッピーバースディトゥユー

所要時間 **3分** 　演者 **8人〜**

全体で集まる誕生会でも、クラスでの誕生会でも、みんなの心がひとつになった合奏でお祝いできたらステキですね。

用意するもの

☐ 楽器（鍵盤ハーモニカ・木琴・鉄琴・スズ・タンブリン・カスタネット・トライアングル・小太鼓・大太鼓・ピアノ　など）

▼ 遊び方

子どもたちが演奏する場合には、最初は保育者のピアノといくつかの打楽器で。慣れてきたらメロディー楽器や打楽器の種類を徐々に増やしてみましょう。また、パートも交換します。

保育者が演奏する場合には、得意な楽器やおもちゃの楽器など毎回違った楽器を加えたり、とんがりぼうしや蝶ネクタイなどおそろいの衣装で演奏したりしても盛り上がります。

おたんじょうび おめでとう！

アレンジ!!

短い曲なので、歌と合奏を組み合わせて発表してもいいでしょう。

● POINT ●

- 1〜2回の練習で即興的に演奏したほうが楽しいでしょう。
- ★マークから前奏にしましょう。
- ♪♪♪ のリズムでウッドブロックも入れられます。鍵盤ハーモニカ・木琴・鉄琴のパートはどれか1つか2つ入れてもいいです。

ハッピーバースデー！

ハッピー バースディ トゥユー

作詞／P.S.ヒル　作曲／M.J.ヒル
編曲／佐藤　千賀子

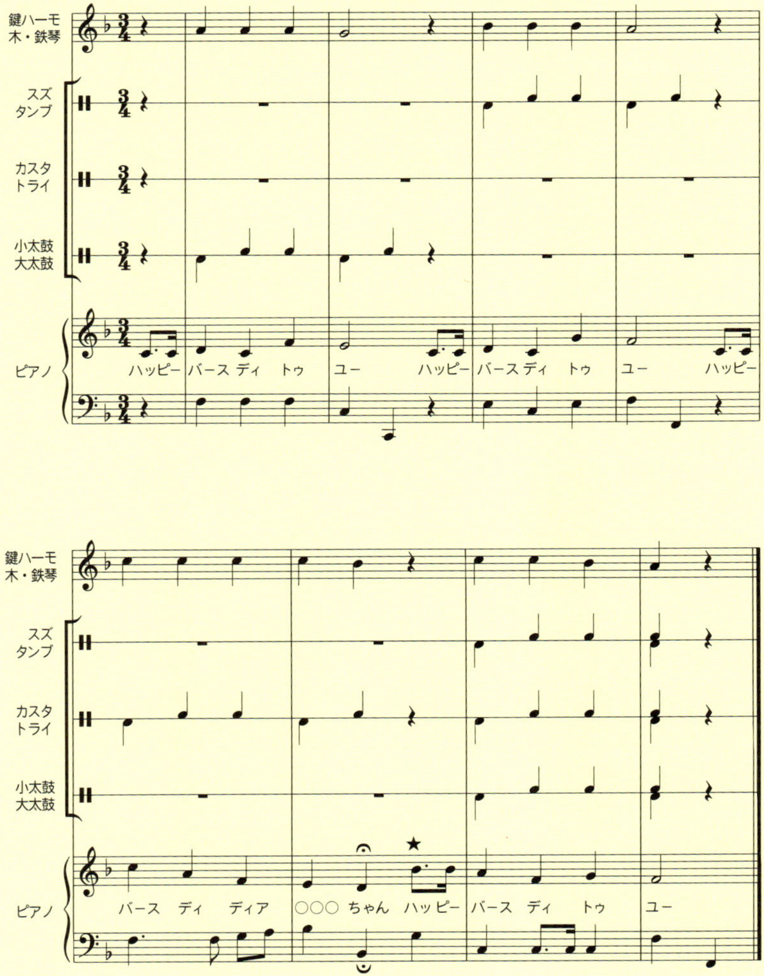

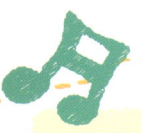

合奏❷

所要時間 3分 **演者** 5人〜

星のくにのクリスマス

クリスマスのスズの音の感じをみんなで表現して楽しみましょう。

用意するもの

□楽器（鉄琴・スズ・タンブリン・トライアングル・ウインドチャイム・ピアノ　など）

▼ 遊び方

いろんな楽器の音当て遊びをしてみましょう。

子どもたちが各楽器に興味を持ったら、自分でやりたい楽器を選べるようにするとよいでしょう。

● POINT ●

お星さまの感じをtr〜（ふる／トリル）で表現して遊びましょう。
鉄琴のパートは鍵盤ハーモニカを重ねて入れてもできます。

アレンジ!!

3拍子の曲なので、合奏だけでなく2人組で揺れたり手拍子したりしてワルツの気分になっても楽しめます。

職員劇・合奏　合奏❷
[星のくにのクリスマス]

星のくにのクリスマス　作詞／阿部 恵　作曲・編曲／佐藤 千賀子

集会 成功のコツ ③
保育者の参加の仕方編

司会者に指名されたら ハイ・ニコ・ポンで参加

「○○先生と○○先生お願いします」司会者から、ゲームの参加などで指名を受けたら、ハイと明るく返事をして、ニコッと笑みを浮かべて、ポンと立ち上がります。「えー、なんで私なの」などと言って、テレながら出ても好感は持たれません。『待ってました』と、明るく積極的に参加して子どもたちの期待にこたえましょう。

集会は子どもたちを 観察するよい機会

保育者が子どもと同じようにステージに向かって、楽しんでいる姿をよく見かけますが、集会は子どもたちを観察するよい機会です。どの位置に座っても、子どもひとりひとりの参加のしかたを観察できるような体制を取りましょう。
すると、トイレに行きたそうな子や体調の悪そうな子、ふざけている子もみんな視界に入ります。

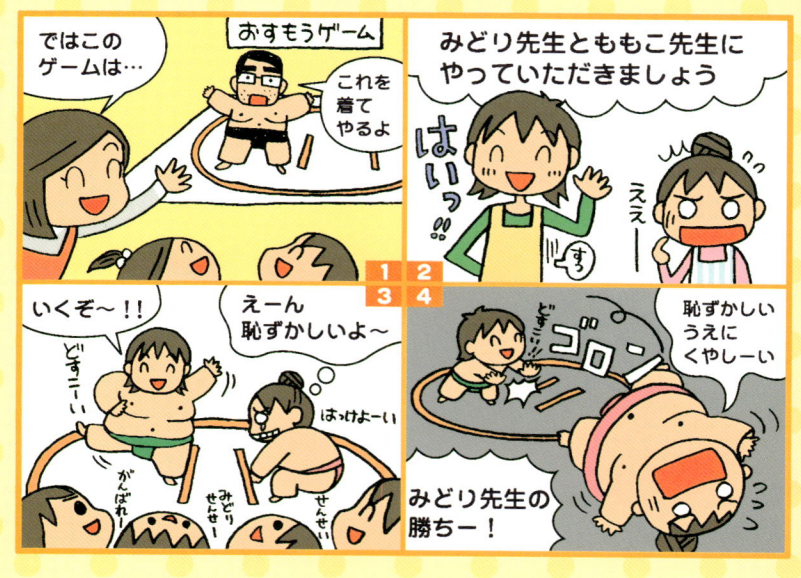

Chapter ❸
かんたんびっくりマジック

子どもたちが大好きなマジック。
メインでも幕間でもオールマイティな出し物です。

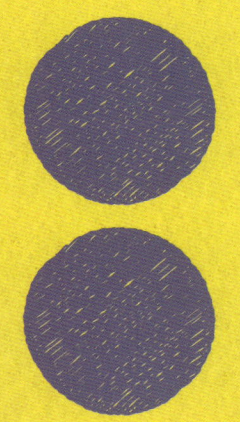

マジック❶ つながるロープ

所要時間 3分　演者 1人

切ったロープを元に戻そうとするけれど…最後は完全なロープに元どおり！

用意するもの
- スペシャルペーパーバッグ
- 偽の結び目のついたロープ
- ふつうのロープ
- ハサミ

□ 紙袋　　□ 厚紙
□ セロハンテープ
□ 長いロープ（80cm）2本
□ 短いロープ（10cm）3本

80cm
10cm

作り方

[スペシャルペーパーバッグ]

紙袋の中に厚紙で作った仕切りを入れる

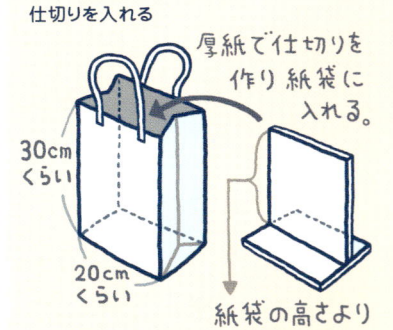

厚紙で仕切りを作り紙袋に入れる。

30cmくらい
20cmくらい

紙袋の高さより3cmほど低くする。

Ⓐ → Ⓑ

[偽の結び目のついたロープ]

長いロープの端から4分の1ずつのところで図のように短いロープを結ぶ

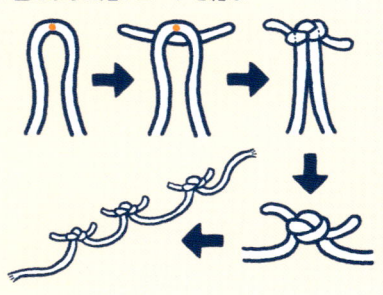

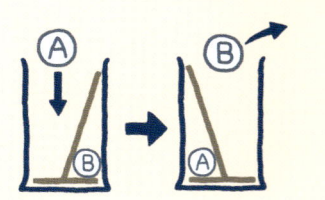

ふつうのロープ
紙袋
偽の結び目のついたロープ

かんたんびっくりマジック **マジック❶**

[つながるロープ]

▼ 進め方

1 一方には偽の結び目のついたロープ、もう一方にはふつうのロープとハサミを入れ、紙袋を持って登場する。

2 ふつうのロープを半分にハサミで切ってもらい、さらに、2本合わせて半分に切ってもらう。

もう一回切ってください。

3 切ってもらったロープを、偽の結び目のついたロープが入っていないほうへ入れて、

「これからおまじないをかけると、切ったロープがつながってしまいます」と説明する。

「ちちんぷいぷい、ちちんぷいぷい!」

ちちんぷいぷい!

4 切ったロープの入っているほうへ仕切りを倒し、図のように持って逆さにし、あらかじめ入れておいた偽の結び目のついたロープを出す。

5 ロープを手に持ち、「一応、ロープはつながりましたが…、これではちょっとずるいですよね」と、言って図のようにロープの両端を持つ。

POINT

袋の中に入れたものは、袋を逆さにしたら出てくる、これが常識。出てきたロープは予告と違っています。自信を持ってロープの結び目を取ります。

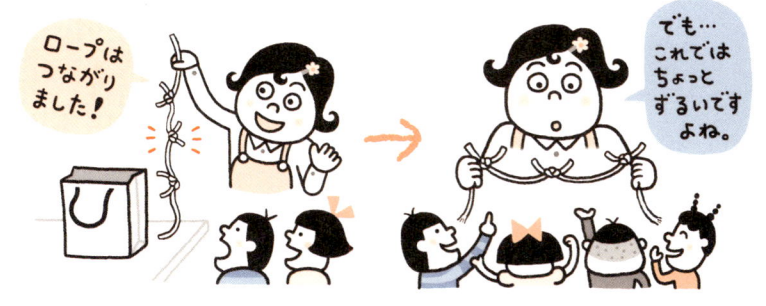

> ロープはつながりました！

> でも…これではちょっとずるいですよね。

6 ロープ両端を左右に強く引いて結び目を全部取り、「ほら、言ったとおりロープは本当につながってしまいました」と、言ってマジック終了。

POINT

紙袋を逆さにしてロープを取り出すことによって、中を見せなくてもほかには何も入っていないことを示すことができます。（実際は、入っています）

マジック❷ 選んだ動物なあに?

所要時間 6分　演者 1人

子どもたちの選ぶカードを予言してピタリと当てます。

用意するもの
・スペシャルペーパーバッグ
・動物の名前のカード
（いろいろな動物の名前 10枚・同じ動物の名前 10枚）
□スケッチブック　□フェルトペン
※スペシャルペーパーバッグの作り方はP.64

スペシャルペーパーバッグの一方にはいろいろな動物の名前を書いたカードを入れ、もう一方には同じ動物の名前を書いたカードを入れておきます。

▼ 進め方

1 スペシャルペーパーバッグから、いろいろな動物の名前が書いてあるカードのほうを取り出し、子どもたちに見せて同じところに戻す。

2 次にスケッチブックにぶたの絵を描き伏せておく。

中が見えないように。

3 同じ動物の名前が書いてあるカードのほうを開き、だれかに1枚取ってもらう。カードに書いてある名前を大きな声で言ってもらいスケッチブックを見せる。

マジック❸ 不思議な筒

所要時間 5分　演者 1人

筒の中には何もないはずなのに、折り紙やリボンが出てきてびっくり!

用意するもの
- 不思議な筒
- 折り紙で折ったツルなど
- クレヨン・リボン

□厚紙　　　　　□油性フェルトペン
□ハサミ　□のり　□セロハンテープ
□紙コップ　□折り紙
□クレヨン 2～3本　□リボン 2mくらい

作り方

[不思議な筒] 大きさの違う2枚の厚紙の裏を黒く塗り、表はそれぞれ違う色を塗る。
内側が黒くなるように2本の筒を作る。
紙コップの縁を切り、外側全体と内側の上から約3cmを黒く塗る。

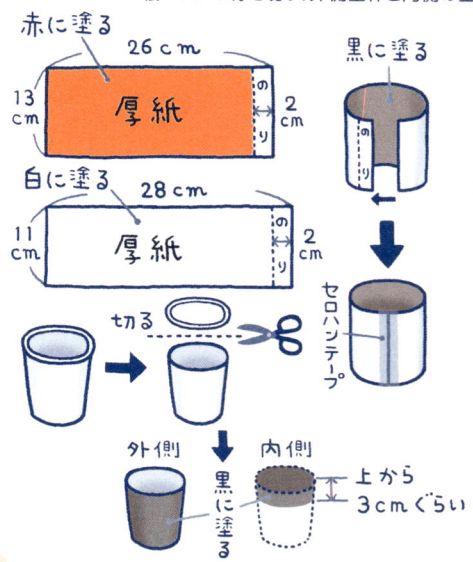

赤に塗る　26cm　厚紙　13cm　のり2cm
黒に塗る
白に塗る　28cm　厚紙　11cm　のり2cm

セロハンテープ

切る

外側　黒に塗る
内側　上から3cmぐらい

巻いたリボン(中から先を出しておく)、クレヨン、折り紙の順に紙コップの中に仕込む。
中に入れたものは紙コップからはみ出さないように気をつける。
図のように2本の筒を重ね、その中に紙コップを入れる。

かんたんびっくりマジック **マジック❸**
[不思議な筒]

▼ 進め方

1 図のように上から2つの筒と紙コップをつかんだまま登場。
「2つの筒を使いマジックをします」

「2つの筒を使います。」

2 子どもたちに、筒の中の紙コップが見えないように気をつけながら、左手で内側の筒を下へ引き抜く。そのとき、外側の筒と紙コップは、落ちないように右手でしっかり持っておく。

3 引き抜いた筒の中には何もないことを示し、左手に持った筒を下から元に戻す。

4 続けて、外側の筒を下へ引き抜いて、内側の筒と同じように示し元に戻し、「このように中はからっぽです」と言う。

「こっちもからっぽでーす！」

5 紙コップごと重ねた筒を
テーブルに置き
「みんなの好きなもの出てこい！」
と、おまじないをかけて、
中から折り紙をひとつずつ
取り出す。全部取り出したら、
最初と同じように紙コップと筒を
右手に持って、左手で交互に筒の中を見せる。

6 また筒をテーブルに置き、
「今度は、みんながよく使うも
の出てこい！」
と、おまじないをかけて、
中からクレヨンを取り出す。

7 同じように、もう一度、2本の筒がから
であるように見せてテーブルに置く。
最後に、自分の好きなおまじないを
かけて、リボンを勢いよく取り出して
演技を終える。

● POINT ●
筒のあらため（からっぽに見せるところ）をしっかりと練習しましょう。

アレンジ!!
- 紙コップに入るものであれば、何でも取り出せますので、ほかにも自分なりに演出してみましょう。
- より大きなサイズの筒で演じても楽しいでしょう。(この場合、紙コップに代わるものも、製作する必要があります)

マジック❹ 人体浮揚の術

所要時間 5分　演者 3人

タネもしかけもありません。シーツ1枚で人を宙に浮かせてしまいます。

用意するもの　□大きめのシーツ（透けないもの）1枚

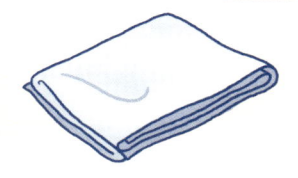

▼ 進め方

1 3人でシーツを持って登場。シーツは図のように、アコーディオン状に畳んで置いておく。

アコーディオン状

2 「今から○○先生を宙に浮かせてみせます」と言い、ひとりがあおむけで横になる。ほかのふたりがシーツの端をつかむ。

3 床からシーツを離さないように縦に広げる。横になっている人はシーツの陰ですばやく反転して、あおむけからうつぶせになる。

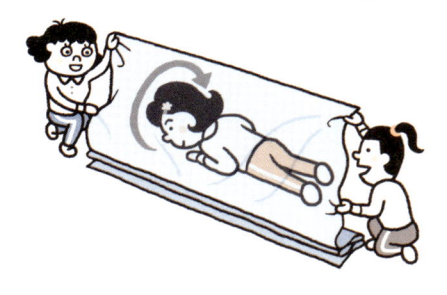

4 シーツを広げ、そのままうつ伏せの人に掛ける。このとき、シーツの中の人は、片足で腕立て伏せができるような姿勢になっておく。

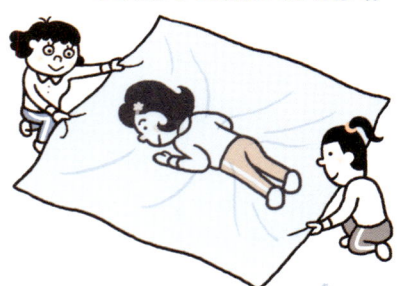

5 「浮き上がれ！」
とおまじないをかけるとシーツの中の人は、片足をまっすぐ伸ばしたまま、腕立て伏せをして上へ伸び上がる。

浮き上がれ！

「下がれー！」
と言うと元の状態に戻る。

下がれー！

かんたんびっくりマジック **マジック④**
[人体浮揚の術]

アレンジ!!

浮き上がった状態のまま、立っているひとりが後ろから前へ通り抜けるとさらに盛り上がります。

6 元の状態に戻ったら、両側のふたりでシーツの両端をつまみ、床からシーツが離れないように垂らす。そのとき、横になっている人はすばやく反転してまたあおむけになる。

7 シーツをゆっくり下ろすと浮いていた人は何事もなかったかのようにあおむけの状態で現れる。

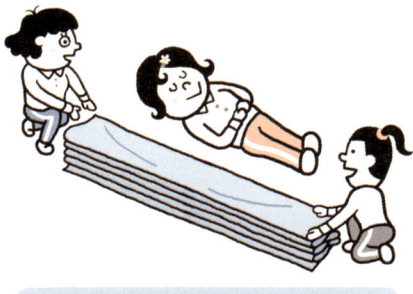

POINT

シーツを掛けるとき、取るときはなるべく動きが止まらないほうがよいでしょう。浮く人はとてもたいへんですので、長い時間浮かせるのはやめましょう。

マジック❺ 消えるボトル

所要時間 5分　演者 1人

コインを消すように見せかけて、ガラス製のボトルをあっという間に消してしまいます。

用意するもの

- ガラス製のボトル
- コイン
- 新聞紙を1/4に切るか、折ったもの
- 小ビンが隠れる大きさのポケットがついた服やエプロン

▼ 進め方

1 ボトルと新聞紙を持って登場する。

「これからボトルを持ってコインを消すマジックをします」

2 「ボトルが割れると危険ですので、新聞紙で包んでおきます」

と言って、両手でボトルの形が出るように新聞紙を上からかぶせる。

POINT

新聞紙をボトルにかぶせるときは、できるだけ形がはっきり出るようにしましょう。

かんたんびっくりマジック **マジック⑤**

[消えるボトル]

3 500円玉くらいのコインを取り出し、裏向きにテーブルに置く。そして新聞紙をかぶせたボトルを2〜3回上下に振り、コインの上へ「コン」と振り下ろす。これでコインが消えたと思わせるが、ボトルを持ち上げるとまだ消えていない。

4 少しとまどった顔をして、
「あ、忘れていました！ コインは表向きにしないと消えないのです」

と言い、左手でコインを表向きにする。それと同時に、ボトルをポケットに近づけ、新聞紙の中からボトルをポケットに落とす。このとき、新聞紙の形は残しておく。

あ、忘れていました！

5 ボトルが入っているように見える新聞紙を片手で支えたまま、コインの上へそっと置いてもう一方の手で突然「バンッ！」と上からたたきつぶす。

バンッ！

6 新聞紙を取り上げ、ボトルが消えたことを示す。

「コインを消そうと思ったら、ボトルが消えてしまいました」

マジック❻ お皿に立つコップ

所要時間 3分　演者 1人

支えなしでうまくお皿にコップを立たせてしまいます。

用意するもの
- 紙コップ
- 紙皿
- カッターナイフ

作り方
紙コップのつなぎめのところに底から5mmほど、カッターナイフで切り込みを入れる

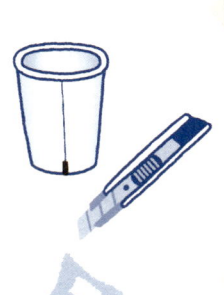

▼ 進め方

1 「これから、お皿の上に紙コップを乗せる芸をします」
と言い、真剣な顔をして、図のように紙コップを乗せる。少しポーズをして、気づいたように、
「あ！　これならだれでもできますね」
と言う。

2 今度はお皿を立てて、紙コップを乗せてバランスを取る。
このとき、右手親指とお皿のエッジで、紙コップを支える。
そしてゆっくりと紙コップから手を離し、お皿の上に乗っている紙コップを見せる。

かんたんびっくりマジック **マジック⑥**

[お皿に立つコップ]

3 子どもたちが驚いているのもつかの間、バランスを保ったまま、ゆっくりと左回りで後ろを向き、親指で紙コップを支えていることを見せ、笑わせる。

> **POINT**
> 右回りで後ろを向くと、切り込みがはっきり見えてしまうのでやめましょう。

4 「今度こそ、真剣にやってみます」と言って、切り込みのあるほうを左側にして紙コップを持ち、左手でカバーしながら、お皿のエッジに差し込む。

5 今回は親指で支えていないが、また指で支えているかのようにふるまう。

6 また、ゆっくりと左回りで後ろを向き、子どもたちに裏側に何もないことを見せ、すぐに向き直る。

7 紙コップをお皿の上から取り上げ、表裏、何もないことを示し、にっこり笑って、演技終了。

> **POINT**
> 親指で支えるときも、切り込みを使うときも、真剣にやればやるほど、ユーモラスで楽しいでしょう。

マジック❼ 空中に浮くコップ

所要時間 3分　演者 1人

持っている手を離しても静電気で(?)コップは浮き上がります。

用意するもの
- 紙コップ
- カッターナイフ

作り方
右手親指のつめの付け根まで入るように、紙コップにカッターナイフで切り込みを入れる。親指で穴をこじあけるくらいに小さくするとフィットする

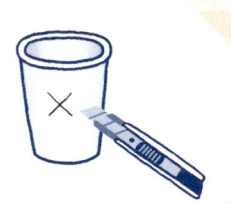

▼ 進め方

1 右手親指で切り込みを隠しながら登場。

「これから、紙コップに静電気を起こします」

2 両手で紙コップをこする動作をしながら、その間に右手親指をつめの付け根まで切り込みにしっかり入れる。

上から見たところ

かんたんびっくりマジック **マジック❼**
[空中に浮くコップ]

３ 右手親指以外両手を紙コップから少しずつ離すと、空中に浮いているように見える。

「フワフワ浮いているでしょう」
と言い、何度か浮かせたら矢印のように紙コップを動かすと、いっそう不思議な感じ（手の中から飛び出しそう）に、見える。

● POINT ●
右側を向いて、左手でじょうずにカバーしましょう。

４
最後は紙コップを両手でつかんで、左手の陰で右手親指を抜き、穴を隠して図のように終わります。

マジック ⑤ しゃかしゃか色水

所要時間 5分　演者 4人

ペットボトルの水が、あっという間にきれいな色水に変身。子どもたちから大歓声があがります。

用意するもの

- ラベルをはがした透明のペットボトル3本に水を半分くらい入れておく
- キャップの裏に赤、オレンジ、黄緑の水彩絵の具をそれぞれ厚く塗ってよく乾かしたもの
- 水を入れたやかん

▼ 進め方

1　「お水が入ったペットボトルが3本あります。その後ろにA先生、B先生、C先生がいますね」
キャップも普通に裏を下にして置いておく
「3人の先生、お水が少ないようですから少し足してください」
順に、六分くらいまで水を入れ、タネもしかけもないことを見せる

2　「では、ふたをしてください」
3人の保育者はふたの裏が見えないようにしぜんにふたをする。

POINT
色は水に溶けて遠目の利く色を選び、保育者は白いTシャツで参加する。

かんたんびっくりマジック **マジック8**

[しゃかしゃか色水]

3
「それでは自分の好きな色をひとつ、
頭の中に浮かべてください。
今から私がパワーを送り
透明の水を先生方の好きな色に
大変身させます。
ペットボトルを持って
目をつむってください」

3人は上と下を両手で持つ。
司会者は両手でパワーを送る。

4
「パワーを送りました。
いち・にの・さんの合図で、
ペットボトルをシャカシャカと
振ってください。
みんなも合図を手伝ってね。
いきますよ、いち・にの・さん!」

5 色が変わったところで
「はい おしまい!
目を開けてください」

3人、大げさに驚き、それぞれ
好きな色になったことを
子どもたちに話す。

アレンジ!!

色が変わって目を開ける前に、
それぞれの好きな色を話しても
盛り上がります。

81

マジック9 わ・わ！不思議な輪

所要時間 5分　演者 1〜2人

紙の輪を縦に切ると、2つの輪に。でも呪文を唱えると、あれあれ。大きな輪やつながった輪に。

用意するもの
- 赤・青・黄などの3色の紙テープ（70cmくらい）
- のり
- ハサミ

作り方
3色の紙テープを図のような3種類の輪にする

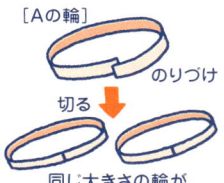

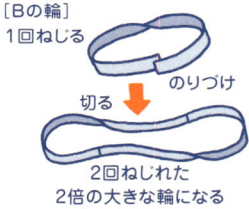

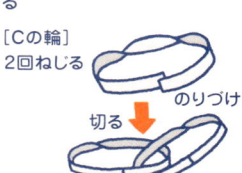

[Aの輪] のりづけ → 切る → 同じ大きさの輪が2つできる

[Bの輪] 1回ねじる のりづけ → 切る → 2回ねじれた2倍の大きな輪になる

[Cの輪] 2回ねじる のりづけ → 切る → 1回ねじれた輪が2つつながる

▼ 進め方

1 用意した3種類の輪を見せる。
「ここに紙テープの輪が3つあります」

POINT
アドリブや少し動作を大きくしたパフォーマンスを心がけましょう。

2 「この輪を真ん中から縦に切って見ましょう」
Aの輪を取り出して切る。

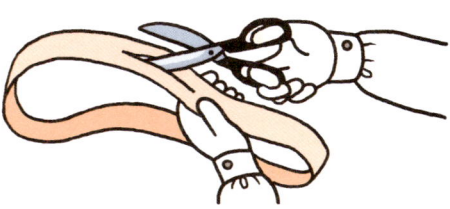

かんたんびっくりマジック **マジック❾**

[わ・わ！ 不思議な輪]

３　「はい、細い輪が２つできました」
１つの輪が２つになったことを
強調してみせる。

４　「今度は、紙テープにちょっとパワー
　　を送ります」
Ｂの輪にパワーを送り、同様に切る。

５　「ジャーン！　見てください。
　　大きな輪になりました」

６　「みんながたくさん拍手をして
　　くれましたので、もうひとつ」
と、Ｃの輪を取り出し、同様に切る。

「ジャーン！　今度はつながった
　輪になりました」

マジック⑩ カラフルツリー

所要時間 3分　演者 1人

折り紙をつなげて筒状に。あとはあなたのちょっとした演技力でカラフルツリーのできあがり!

用意するもの
- □折り紙（緑×3、赤・黄・桃・金・銀　それぞれ1枚）
- □プリンの空き容器
- □ハサミ
- □スティックのり

作り方

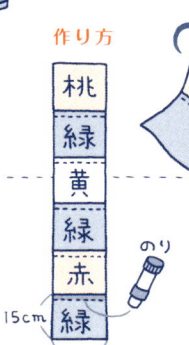

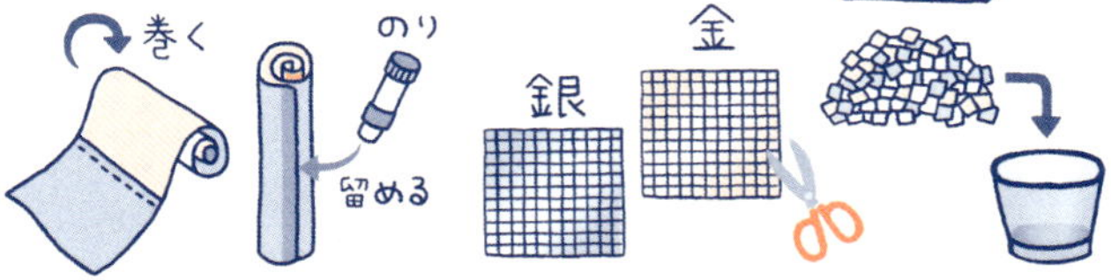

桃/緑/黄/緑/赤/緑　15cm×15cm

[筒]
① 折り紙を6枚、図のようにスティックのりでつなげる。
② 次に、図のように色のあるほうを外にして筒状に巻く。
　その際、いちばん外側が緑色になるようにする。

[魔法の粉]
金、銀の折り紙を、ハサミで細かく切り、プリンの空き容器に入れる。

▼進め方

1

「♪チャラララララ～♪」
マジックの歌をうたいながら、筒を出して子どもたちに見せる。
続けてハサミを取り出して、同様に子どもたちに見せる。

かんたんびっくりマジック **マジック⑩**
[カラフルツリー]

2 「さあ、この筒を
ハサミで切ります」
と言い、図のように筒を切る。

$\frac{1}{3}$

8等分に切る

3 「さあ切れました。
ここで魔法の粉をかけます」
と言って、魔法の粉を
オーバーに筒にふりかける。

4 歌をやめ、ここで口調を変えて
「さあ、ここで気合いを入れます」
ぐっと念じて
「えいっ！ …OK！ 見てください」

5

再び歌いながら、筒の桃色の部分を
ゆっくり引き出すと、カラフルツリーの
できあがり!

マジック⓫ なかよし 8人

所要時間 3分　演者 1〜2人

簡単に折って切った新聞紙に、呪文をかけると…、手をつないだ仲よしの人ができます。

▼ 進め方

用意するもの
- □ 新聞紙見開き分を横に2等分したもの
- □ ハサミ

1 「新聞紙を半分に折ります。また…」
と図のように常に端が外側になるように4回折る。

2 「そして、チョキ、チョキ、チョキ…と、ハサミで切って」

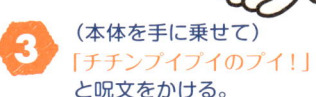

プイプイのプイ！

アレンジ!!

いろいろな形になります！ほかにもオリジナルの形を探してみてください。

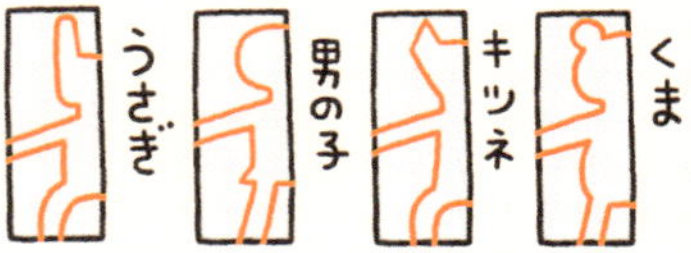

うさぎ　男の子　キツネ　くま

3 （本体を手に乗せて）
「チチンプイプイのプイ！」
と呪文をかける。

4 新聞紙の端を持って「いち・にの・さん！」で開く。

マジック⑫ ハンドパワー

所要時間 3分　演者 1人

ハンカチ1枚でできるシンプルなマジックです。

▼ 進め方

用意するもの
☐ ハンカチ

1 ハンカチを持ち、タネもしかけもないことを子どもたちに見せる。

2 右手をかざして「パワーを送って倒します」と言い、右手を少しずつ倒す。そのときに、左手の親指に力を入れてゆっくり上にずらすとハンカチが前に倒れる。

3 逆に左手の親指を下にずらすと戻る。

POINT

- ゆっくり動かす、すばやく動かすなどスピードに変化をつけて、演技で子どもたちを引きつけましょう。
- ハンカチから糸が出ているように演技しても楽しいです。

ほらっ

ハンカチから糸が出ているよ。みんな見える？

集会 成功のコツ ❹
職員全体のチームワーク編

子どもたちの大好きな職員劇では意外性も

職員劇の配役は、役に一番ふさわしい人を相談して決めるのも悪くありませんが、1年に数回はクジ引きで配役を決めてみるのも楽しいでしょう。一番若い職員がおじいさん役になったり、背の高い職員がネズミ役になったりすることもあります。もちろん男性が女性役をやることも。子どもを通して家庭にも伝わります。

1年に1回くらいは園の陰の力も登場

毎月だと大変ですがどこかで園の陰の力、園バスの運転手さんや調理師さんや事務員さんなども参加した会があってもよいでしょう。園全体の職員のチームワークも子どもたちに見せることになります。
また保護者の方が集まる会でしたら、園の職員全体で保育を担っているんだ、ということをよく理解してもらえます。

Chapter ❹
ちょこっと遊び

出し物と出し物の間の少しの時間に、
子どもたちの集中がとぎれたとき…。
いろんな場面で使えるちょこっと遊びを紹介します。

手あそび❶
はじまるよ はじまるよ

プログラムへの期待がどんどん高まる、お楽しみバージョンです。さあ、遊びましょう。

▼ 遊び方　1番

1 はじまるよったら はじまるよ
（×2回繰り返す）

> ここは2番〜5番も動きがいっしょだよ

右側と左側で3回ずつ手をたたく
（×2回繰り返す）

2 いちといちで

> 2番〜5番は指の数を増やして前に出します

右手ひとさし指を立てて前に出す
左手ひとさし指も立てて前に出す

3 にんじゃさん

片手のひとさし指を
握って忍者のポーズ

4 ドローン

横にはらう

2番
にとにで…

❶ かにさんよ

カニのハサミのように
両手を左右に動かす

❷ チョキーン

ハサミで切るように
動かす

ちょこっとあそび **手あそび❶**

[はじまるよ はじまるよ]

3番
さんと
さんで…

❶ ねこのひげ  
指をほおに当て、ネコのひげを作る

❷ ニャオーン 
両手でネコの耳を作る

4番
よんと
よんで…

❶ たこのあし 
指を体の前で揺らす

❷ ヒューン
横にはらう

5番
ごとごで…

❶ おたのしみ 
パンパンパンと3回拍手をする

❷ パチパチパチパチパチー 
パチパチと言いながら、みんなで大きく拍手をする

● **POINT** ●

大きな拍手で次のプログラムに期待を持ってつなげられます。
5番 を「ごとごで てはおひざ」にして両手をひざにの上におろすと静かに次のプログラムにつなげられるでしょう。

はじまるよ はじまるよ 　作詞・作曲／不明

はじまるよったら　はじまるよ　　はじまるよったら　はじまるよ

い　ち　と　い　ち　で　に　ん　じゃ　さ　ん　（ドローン）

手あそび❷ おむすびつくろう

そのつどいろいろな具を入れて作ると、同じ手あそびで集会のプログラムをつなぐこともできます。

▼ 遊び方

1 ♪ほかほかの ごはんをたいて 
ゆげの出ている動作をする

2 ほかほかの おむすびつくろ  
おむすびを握る

3 ほかほかの ごはんは 
❶と同じ

4 あつい 
耳たぶをつかむ

5 ころころ ころがすな 
かいぐりをする

6 うめぼしいれて 
左手の手のひらに 右手ひとさし指を指す

7 にぎって 
❷と同じ

8 しおをかけて 
右手の手のひらに 塩をかける動作をする

9 にぎって 
❷と同じ

ちょこっとあそび　手あそび❷

[おむすびつくろう]

⑩ のりをまいて
左手でグーをつくり、右手を
上から向こう側に半回転させる

⑪ にぎって
❷と同じ

⑫ いち にの さんで
ギュッギュッギュと
形を整える

⑬ めしあが
拍手する

⑭ れ
両手のひらを上に向けて
前に出し、軽くおじぎをする

アレンジ!!

できたおむすびを食べるまねをし、「パワーがついたので、〇月生まれのお友達を大きな拍手で迎えましょう。」とつなげたり、幕間に子どもたちのリクエストで好きなおむすびを作ってみたりと、場面に応じて使えます。

おむすびつくろう　作詞／阿部 恵　作曲／家入 脩

たのしく

ほかほかのごはんを たいて ほかほかのおむすび つくろ
ほかほかのごはんは あつい ころころころがすな
うめぼしいれて に－ぎって し－おをかけて に－ぎって の－りをまいて
に－ぎって い－ちにの さ－んで めしあがれ

手あそび❸ ごんべさんの赤ちゃん －いろいろ編－

おなじみの手あそびですが、歌詞をちょっと変化させただけで、1年中遊べる集会の人気手あそびに。

▼ 遊び方

1 ♪ごんべさんの 
両手で頭から手ぬぐいをかぶり、あごの下で結ぶしぐさをする

2 あかちゃんがおっぱいのんだ 
赤ちゃんを抱き、あやすしぐさをする

3 （ゴクゴク） 
両手を口元に寄せて、おっぱいを飲むしぐさをする
1～**3**を3回繰り返す

4 そこでせなかを 
手拍子を4回する

5 トントントン
赤ちゃんを右手で抱っこして左手で背中をトントンするしぐさをする

ゲップ出たかな？

● POINT ●
「どうですか、赤ちゃんゲップが出ましたか？」などと聞くと楽しい。

▼ ほかにも… **1**・**2**・**4**の動きは変えずに…

2番 おなら ♪ごんべさんのあかちゃんが

2 おならした

3 （プッ） 
首を右に傾ける

4 そこでおしりを

5 クンクンクン くんくん
赤ちゃんを持ち上げておしりをにおう

ウンチ出てる？おならだけだった？

ちょこっとあそび **手あそび③**

[ごんべさんの赤ちゃん]

3番 クリスマス ♪ごんべさんのあかちゃんの

2 クリスマス	3 （シャン）	4 じょうずにスズを	5 シャンシャンシャン
	右手でスズを鳴らす		右手でスズを3回鳴らす

じょうずにスズが鳴らせたね

4番 ねんね ♪ごんべさんのあかちゃんが

2 ねんねした	3 （スヤスヤ）	4 そこで しずかに	5 おふとんへ
	スヤスヤのポーズ	小さな拍手	おふとんにそっと置く感じ

● POINT ●

クリスマスではスズを持って遊んでもよいでしょう。最後に「ねんねした」で遊ぶと、静かに次のプログラムへつなげられます。

シー、静かにね…

ごんべさんの赤ちゃん　作詞／不明　アメリカ民謡

ごん べさん のあ かちゃん がか ぜひ いた

ごんべさんのあ かちゃんがか ぜひ いた　ごんべさんのあ かちゃんが

か ぜひ いた そ こ で あ わ て て しっ ぷし た

手あそび④ ぞうさんとねずみさん

大きいゾウさんと小さなネズミさんの持ち物のくらべっこが楽しいゆかいな手あそびです。

▼遊び方 1番

1 ♪ぞうさんの 
両手で両ひざを2回たたく

2 ぼうしは 
頭に両手を乗せる

3 でっかい 
できるだけ大きい動作で両手を上げる

4 ぞー 
拍手をする

5 これくらい×4 
両手で帽子の大きさを表し、少しずつ大きくしていく

6 これくらいー 
両手を伸ばし、思い切り大きく広げる

96

ちょこっとあそび **手あそび❹**

[ぞうさんとねずみさん]

▼ 2番

7 ♪ねずみさんの
両手で胸を2回たたく

8 ぼうしは
❷と同じ

9 ちっちゃい
両手を胸の前に小さく広げる

10 ねー
拍手をする

11 これくらい×4
両手で帽子の大きさを表し、少しずつ小さくしていく

12 これくらいー
両手を丸く合わせ、上下に振る

● POINT ●

帽子のほかに、カバン、靴、お弁当や拍手などで遊んでみましょう。ねずみさんの拍手はひとさし指同士をたたきます。静かに次のプログラムまでつなげられます。

ぞうさんとねずみさん　作詞・作曲／阿部 恵

1. ぞう さんの (ぼう し は) でっかい ぞー
2. ねずみさんの (ぼう し は) ちっちゃい ねー

これくらい　これくらい
これくらい　これくらい　これ くらい　ー

手あそび 5
ぴよぴよちゃん
低年齢児も楽しめるまねっこ手あそびです。

▼ 遊び方

1 ♪ぴよぴよちゃん

保育者が口の前で、両手をパクパクさせる

2 なんですか

子どもたちが ❶と同じ動作でこたえる

3 こんなことこんなこと

保育者が簡単な2種類の動作をする

4 できますか

パチパチパチ

保育者が拍手を3回する。

ちょこっとあそび **手あそび⑤**
[ぴよぴよちゃん]

5 こんなことこんなこと

子どもたちが
3と同じ動作をする

6 できますよ

パチ パチ パチ

子どもたちが
拍手を3回する

● **POINT** ●
集会や季節に合わせていろいろ
なポーズを考えてみましょう。

アレンジ!!

なんのマネ？

〈クイズで遊ぶ〉
保育者がいろいろなポーズをした後に、
「さぁ、今のはなんのまねでしょう？」と
クイズにしてみても楽しめます。

ぴよぴよちゃん　作詞・作曲／不明

(保育者) ぴ よぴ よちゃん
(子ども) な んで すか
(保育者) こんなこ とこんなこ と
で きま すか
(子ども) こんなこ とこんなこ と で きま すよ

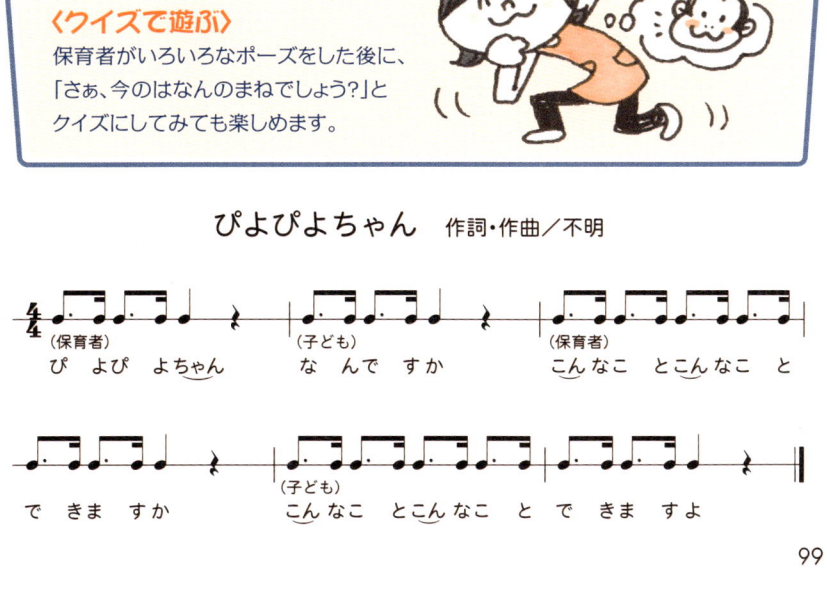

ゲーム❶ すきですか きらいですか

演者 2人

集会で簡単に遊べる絵カード。子どもたちは、ゲーム的な感覚で楽しんでくれます。

用意するもの

- □ B5サイズの白い工作用紙に描いた絵カード
- □ 黒の油性フェルトペンで描き、着色する。角は丸くする。

▼ 遊び方

1 保育者は、絵カードを裏返しにして重ねて持ち、前に出る。

「好きなものかな？ 嫌いなものかな？ 当ててね！」

2 「さあ、この絵カードの一番上に描いてあるのが、みんなの好きなものかもしれないし、嫌いなものかもしれません。みんなに当ててほしいんです」と言い、『すきですか きらいですか』を歌う。

すきですか
きらいですか
みなさん よく かんがえて

3 保育者は、「みなさん よく かんがえて」のあと、「好きなものだと思う人！」「嫌いなものだと思う人！」と、どちらか挙手を促します。

ちょこっとあそび　ゲーム❶
[すきですか きらいですか]

4　「先生も何が出てくるかは わかりません。いち に の さん！ でめくるからね」
子どもたちといっしょに
みんなで　「いち・にの・さん！」

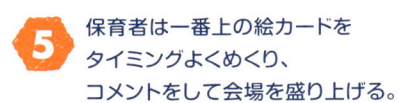

5　保育者は一番上の絵カードをタイミングよくめくり、コメントをして会場を盛り上げる。

POINT
- 子どもたちが遊びを理解したら「これから3回戦で遊びましょう」と、遊び回数を示すとよいでしょう。
- 絵カードはカット集を参考にしてたくさん作るとよいでしょう。

すきですか きらいですか　作詞／阿部 恵　作曲／家入 脩

すきですか　きらいですか　みな さんよ　く かんがえて

ゲーム❷

くれよん しゅしゅしゅ

クレヨンで何が描けるかな？ 楽しいあてっこ遊びです。

演者 **1**人

用意するもの

□ クレヨン
□ ホワイトボードや模造紙など、
　実際に絵が描けるもの

▼ 遊び方

1

「今からこのクレヨンで
絵を描くよ。
よく見て当ててね」

とクレヨンを持って
歌に合わせて
空中に絵を描く。

♪あかいくれよん…

なにかな？　りんごかな？　ハートだよ。

ちょこっとあそび　ゲーム❷

[くれよん しゅしゅしゅ]

2

子どもたちからいろいろな答えが出たら
「じゃあ、今から描くね」
と言って、実際に
ホワイトボードなどに
描いてみる。

POINT

いろんな色のクレヨンでいろんなものを描いてみましょう。
- 黄色…バナナ
- 緑色…カエル
- 青色…さかな　など

くれよん しゅしゅしゅ　作詞／阿部 恵　作曲／宮本 理也

明るく (adlib.)

（あ か い）く れ よ ん しゅ しゅ しゅ

に こ に こ にっ こ り しゅ しゅ しゅ

く る く る ご し ご し しゅー しゅ しゅ しゅ

a tempo　(adlib.)

ほ ら （り ん ご）かー け ちゃっ た

ゲーム❸ 影絵クイズショー

スクリーンに映ったものを当てっこ。会場を暗くしてみんなで盛り上がります。

演者 4人

用意するもの

☐ プロジェクターなどの光源
☐ 映写用スクリーンや布を張ったものなど

▼ 遊び方

1

会場を暗くする。

「今からこのスクリーンに先生が登場します。私がその先生に質問をしていくので、みんなに先生の名前を当ててもらいます」

と言って、スクリーンに保育者を映し出す。

ちょこっとあそび　ゲーム❸
[影絵クイズショー]

2 「先生はリンゴが好きですか?」
などの簡単に答えられる質問をし、
園児が先生の名前を当てていく。

● POINT
当てるのが難しいようなら、絞り込めるような質問をしていきます。

アレンジ!!
園児がスクリーンに登場しても盛り上がるでしょう。

ゲーム ❹

まねっこ拍手

演者 1人

準備なしでいつでもどこでも楽しく遊べます。ゲーム的な感覚で楽しんでくれます。

▼ 遊び方

「今からまねっこゲームをします。
先生が今から手をたたくから
みんなも先生と同じようにまねして
手をたたいてみてね」

と言って手拍子をする。
いろいろな調子で手拍子をして、
子どもがまねをしていく、
を繰り返して遊ぶ。

POINT

初めはゆっくり、慣れてきたらスピードを上げたり難しいリズムにしたりしてみましょう。

POINT

最後はたくさん大きく拍手をして、「みんなとってもじょうずに拍手ができるようになったので、大きな拍手で○○を呼んでみましょう」などとプログラムにつなげます。

ゲーム❺ ぽこ ぺこ ぽん!

演者 2人

2人組で楽しく遊びます。緊張と開放が味わえ、間違っても楽しくおおいにわきます。

▼ 遊び方

1 2人向かい合って、にぎりこぶしを縦に交互に重ねる。

2 司会者が「ぽこ」と言ったら、一番下のこぶしを一番上に移動させ、「ぺこ」と言ったら、一番上のこぶしを一番下に移動させる。

例 「ぽこ」「ぽこ」「ぺこ」
　　「ぽこ」「ぺこ」「ぺこ」

3 「ぽん!」と言ったら、一番下の人がすばやくてのひらで上のこぶしをたたく。相手の人はたたかれないようにすばやく引っ込め、たたく人は自分のこぶしは引っ込め、相手のこぶしをたたくようにする。

POINT
- 最初はゆっくり、慣れたら少し速くしたり、声に強弱を付けたりして、フェイントをかけてみましょう。
- いつでも・どこでも・子どもたち同士でも遊べます。家庭へも遊びが広がります。

ゲーム⑥ スーパーキャッチ できるかな

演者 4〜6人

イチロー選手のようにスーパーキャッチができるかな？ 対抗戦で盛り上がります。

▼ 遊び方

1 保育者2人1組で2〜3チームつくり、1チームずつステージに登場。

2 1人は手提げ紙袋を持って、幼児用イスの上に立ち、もう1人は3〜4メートルくらい離れたビニールテープのラインに立つ。

3 司会者の合図で、1人が紙ボールを投げ、もう1人はイスから落ちないように紙袋でキャッチする。

4 5個投げ終わったら、司会者のリードで袋に入ったボールをみんなで数える。

5 紙ボールがたくさん入ったチームの勝ち。

用意するもの
- □手提げ紙袋
- □ビニールテープ
- □新聞紙見開き1枚分を丸め、折り紙で外を巻いた紙ボール5個
- □幼児用イス

POINT
年齢別保育者対抗や乳児・幼児保育者対抗などで遊ぶと、子どもたちの応援が盛り上がります。

ゲーム❼

演者 5〜10人

ジャンケンチャンピオン勝ち抜き決定戦

保育者のジャンケンチャンピオンが決定します。子どもたちの声援が最高潮に。

▼ 遊び方

用意するもの
□ フープ1個
□ メダル

1 保育者の大半が参加する。

2 選手（保育者）はステージ上の上手側（かみて）に1列に並び、司会者が選手紹介をする。

3 先頭の2人は中央で
「さいしょは グー
ジャンケンぽん！」
と勝者を決め、
勝った選手が下手側（しもて）に置いたフープに入る。負けた選手は列の最後尾に着く。

4 以後、フープの勝者と並んでいる挑戦者が次々とジャンケンをして、5人連続で勝った保育者がチャンピオン。メダルをもらう。

● POINT ●

シンプルでわかりやすい競技なので、司会者は「〇〇先生3回勝ち！ つぎ。さん、はい。さいしょは グー ジャンケン ぽん！ うわー、負けました。〇〇先生1回勝ち！ つぎ…」とテンポよく進めます。

やったー4人勝ち抜き！

負けたら最後尾へ

クイズ
クーイズクイズ

演者 1人

♪クーイズクイズ なーにがクイズ♪ 頭を使って楽しく遊べます。

● POINT ● 単語カードに書き写してポケットに入れておくといつでも使えます。

① 乗り物編

Q1 公園でいつもぶらぶらしている人気者なあに？
A1 ブランコ

Q2 足で登って、おしりで降りてくるものなあに？
A2 すべり台

Q3 赤・黄・青の目玉で交通整理をしているのはだあれ？
A3 信号機

Q4 バイバイバイバイバイ…と9回も言っているものなあに？
A4 バイク

Q5 赤い顔して大きな水でっぽうを持っているものなあに？
A5 消防自動車

Q6 物をあげるための車なのに、何もくれない車はなあに？
A6 クレーン車

Q7 前と後ろには進まなくて、上と下に進むものなあに？
A7 エレベーター

Q8 トラが9匹いる車はなあに？
A8 トラック

ちょこっとあそび　クイズ

[クーイズクイズ]

2 からだ編

Q1 減っても減ってもグーと鳴るだけでなくならないものなあに?
A1 おなか

Q2 怒るとふくれて、おいしいと落ちるものなあに?
A2 ほっぺた

Q3 眠くなると出るおおきな首はなあに?
A3 あくび

Q4 こぶはこぶでも痛くないこぶはなあに?
A4 ちからこぶ

Q5 朝目がさめて鏡を見るとよくわかるくせなあに?
A5 ねぐせ

Q6 目をつむってみるとよく見れて、開けているとき見れないものはなあに?
A6 夢

Q7 切っても切っても血のでない指は?
A7 指きり

Q8 お父さん、お母さん、お兄さん、お姉さん、赤ちゃんの5人家族なあに?
A8 指(手)

Q9 ぶたはぶたでも顔についているぶたってなあに?
A9 まぶた

Q10 切られても切られても痛くなくていっぱい生えてくるものなあに?
A10 髪の毛(爪)

ちょこっとあそび　クイズ

３ 園のもの編

Q1 ウシはウシでも頭に乗せるウシは？　**A1** 帽子

Q2 せっかくためたのに捨てられてしまうものなあに？　**A2** ゴミ

Q3 木を削ると黒い顔を出すものなあに？　**A3** えんぴつ

Q4 トリはトリでも飛べなくてほうきと仲よしのトリは？　**A4** ちりとり

Q5 ４本足でみんなのおしりが大好きなものなあに？　**A5** イス

Q6 白い歯と黒い歯を持っていてきれいな音を出すものなあに？　**A6** ピアノ

Q7 ちょうはちょうでも幼稚園（保育園）でいちばんえらいちょうはだあれ？　**A7** 園長先生

Q8 自分のものなのに、みんなが使うものなあに？　**A8** 名前

Q9 脱ぐことはできるけど、着れないものなあに？　**A9** 靴

Q10 よごせばよごすほど顔が白くなるものなあに？　**A10** 黒板

ちょこっとあそび　クイズ

[クーイズクイズ]

4 動物編

Q1 木登りじょうず、お顔とおしりが赤いのだあれ？　**A1** サル

Q2 首のながーい動物だあれ？　**A2** キリン

Q3 かぜをひいていなくても、ながーい鼻を垂らしている動物はだあれ？　**A3** ぞう

Q4 カンはカンでもぴょんぴょん飛び跳ねるカンってなあに？　**A4** カンガルー

Q5 かぜをひいていないのにコンコン鳴くのはだあれ？　**A5** キツネ

Q6 さいころの中に入っている動物だあれ？　**A6** サイ

Q7 かみはかみでもとっても恐いかみはなあに？　**A7** オオカミ

Q8 イスはイスでも空を飛ぶいすはなあに？　**A8** うぐいす

Q9 おそばやさんで人気のある動物はだれとだれでしょう？　**A9** たぬきときつね

Q10 ウシでもないのに頭に角があり家を背負って歩くものなあに？　**A10** かたつむり

ちょこっとあそび　クイズ

5 食べ物編

Q1 ホシはホシでも食べられる すっぱいホシは?
A1 梅干し

Q2 パパが嫌いな果物なあに?
A2 パパイヤ

Q3 あるのにないという果物は?　**A3** ナシ

Q4 1つでもご(5)という赤くておいしい果物なあに?　**A4** いちご

Q5 「ステキ」といわれるお肉ってなあに?
A5 ステーキ

Q6 黄色い歯がたくさん。歯並びのよいわたしはだあれ?
A6 とうもろこし

Q7 かんはかんでもくだものやさんにあるかんは?
A7 みかん

Q8 壊さないと食べられないものなあに?
A8 たまご

Q9 キツネとブタが仲よく海に取りに行ったものは?
A9 コンブ

Q10 ちゃわんの中に住んでいるおいしいむしは?
A10 ちゃわんむし

ちょこっとあそび　クイズ
[クーイズクイズ]

6 いろいろ編

Q1 トラはトラでも楽しく遊べるトラはなあに？　**A1** トランプ

Q2 なんでもかんでもそっくりまねするガラスはなあに？　**A2** かがみ

Q3 たたいているのに喜ばれるものなあに？　**A3** かたたたき

Q4 もちはもちでも痛くて食べられないもちなあに？　**A4** しりもち

Q5 手紙が大好きで雨の日も晴れの日も赤い顔で立っているものなあに？
　A5 ポスト

Q6 走っても走っても絶対離れないでついてくるものなあに？　**A6** かげ

Q7 とってもとっても減らないものなあに？　**A7** 写真

Q8 ちゅうはちゅうでも病気のときにするちゅうは？　**A8** 注射

Q9 かいはかいでもお店に行くかいは？　**A9** おかいもの

Q10 遠くにあっても、近いという店なあに？　**A10** そばや

型紙

型紙ページの使い方

★ この型紙はすべて400%の拡大コピーをして使うとちょうどよい大きさになります。
★ 使用場面やお持ちのパネルに合わせて、拡大・縮小してお使いください。
★ まず、全体を原寸大でコピーして必要な絵人形(1〜2つ)を選んで切り分けそれから400%に拡大すると無駄なく拡大できます。
★ パネルシアター用の絵人形で、厚口の指示があるものは厚口の不織布を使用するとよいものですが、並口でも作れます。
★ 点線(-----)は、絵人形製作の最後で余白を切り取る線です。

P.10 うたって入園おめでとう

はり合わせる

⬆ 赤いチューリップ／ぞうさん

白いチューリップ／犬のおまわりさん

はり合わせる

はり合わせる

黄色いチューリップ／アイアイ

117

P.14 おたんじょうび おめでとう

チーズ／裏 ネズミ

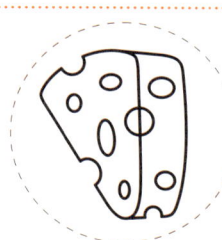

ニンジン／裏 ウサギ

はり合わせる

アゲ／裏 キツネ

バナナ／裏 ゴリラ

← リンゴ／裏 ゾウ

P.18 しゅうくんとがいちゃんの
おつぎはなあに？

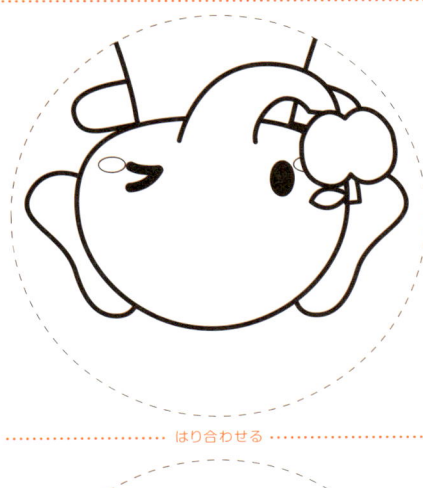

はり合わせる

はり合わせる

かいちゃん ⬇　しゅうくん ➡

はり合わせる

P.22 大きな 大きなクリスマスツリー

↓表

↑ 裏のクリスマスツリーの空と同じ色を塗る

↑裏

P.26 どうぶつむらの ひろば

→ ブタの親子

← ネズミの親子

↑ タイトルアーチ

⬆ カラスの親子

➡ ヒツジの親子

⬅ ネコの親子

⬆ イヌの親子

⬆ アヒルの親子

⬇ キツネの親子

⬆ サルの親子

⬆ ウシの親子

121

P.30 おたんじょうバス

おたんじょうかいゆき

なかよしえん まえ

→ おたんじょうバス
小は120％拡大
中は200％拡大

お た ん じ
ょ う び お
め で と う

P.34 さいしょは グー ジャンケン

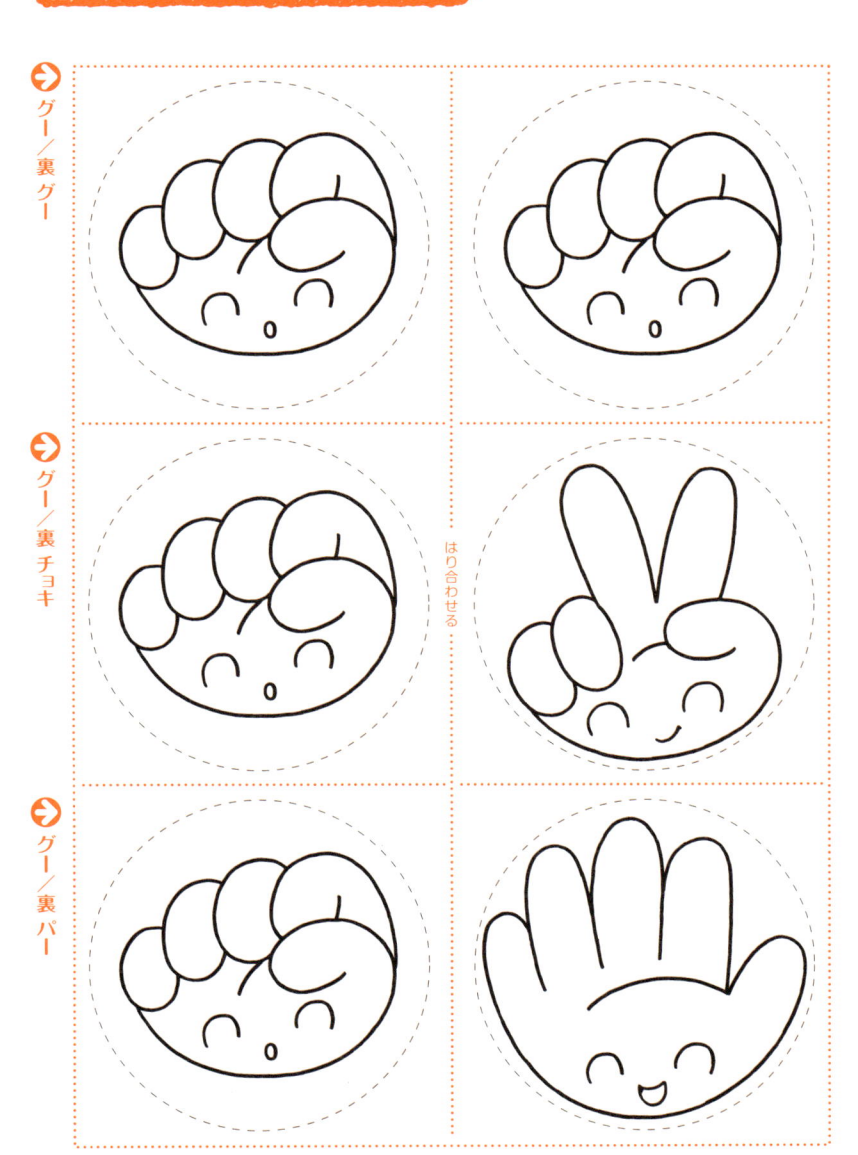

グー／裏グー

グー／裏チョキ

はり合わせる

グー／裏パー

P.38 かわいいケーキでおめでとう？

↓ 表

↑ 裏

P.40 ねずみの嫁入り

(1) タイトル

(2) お日様

(3) 雲さん

(4) 風さん

(5) 壁さん

(6) めでたし、めでたし

P.44 わらとすみとまめ

裏に和紙や千代紙をはる

おしまい

のりしろ

↑
トイレットペーパーの芯など
筒状のものにはる

紙巻物シアター
わらとすみとまめ

← タイトル

P.54 こぶたぬきつねこ

↑ コブタ(ブータ)

↑ タヌキ(ポンコ)

↑ キツネ(ツネオ)

↑ ネコ(ミーコ)

〈編著者〉
阿部 恵（あべ　めぐむ）
道灌山学園保育福祉専門学校保育部長
道灌山幼稚園主事

〈合奏ページ著者(P.58〜P.61)〉
佐藤 千賀子（さとう　ちかこ）
道灌山学園保育福祉専門学校講師

〈マジックページ著者(P.64〜P.79)〉
菅原 英基（すがわら　えいき）
株式会社ニュージェネレーション カンパニー主宰

STAFF

イラスト	いそのみつえ すがわらけいこ 杉生理佐子 仲田まりこ はやはらよしろう ふじわらかずえ みやれいこ	写 真	佐久間秀樹 （アサヒフォトスタジオ）
		楽譜浄書	株式会社 福田楽譜
		本文レイアウト	株式会社サンヨーシーティエス はやはらよしろう・杉生理佐子
		企画・編集	岡本舞・安藤憲志
製 作	あべ　つせこ あらきあいこ 菊地清美 どうまんかずのり 森のくじら	校 正	堀田浩之

ハッピー保育books④
出し物たっぷりネタ帳

2009年10月　初版発行
2017年 7月　17版発行

編著者　阿部 恵
発行人　岡本 功
発行所　ひかりのくに株式会社

〒543-0001　大阪市天王寺区上本町3-2-14　郵便振替 00920-2-118855　TEL.06-6768-1155
〒175-0082　東京都板橋区高島平6-1-1　　郵便振替 00150-0-30666　　TEL.03-3979-3112
ホームページアドレス　http://www.hikarinokuni.co.jp

<JASRAC 出0910608-717>

製版所　近土写真製版株式会社
印刷所　熨斗秀興堂

©2009　乱丁、落丁はお取り替えいたします。

Printed in Japan
ISBN978-4-564-60752-3
NDC376　128P　18×13cm

本書のコピー、スキャン、デジタル化等の無断複製は著作権法上での例外を除き禁じられています。本書を代行業者等の第三者に依頼してスキャンやデジタル化することは、たとえ個人や家庭内の利用であっても著作権法上認められておりません。